本书系2024年重庆市教育科学规划课题“新时代高校传统文化与思想政治教育融合改革研究”（课题编号：K24ZG2190017）、2024年重庆市大足区社会科学规划项目“地方高校人才培养与乡村文化振兴耦合共生发展研究”（项目编号：2024DZSKGH17）、2024年重庆市大足区职业教育联合会教育教学改革研究项目“数字时代高校思想政治教育叙事的模式创新与实践策略”（项目编号：DJG2024021）、邢台市社会科学规划项目“产教融合与科教融合驱动邢台现代职业教育体系建设研究”（项目编号：XTSKGH2024190）、河北省教育厅2022—2023年度河北省高等教育教学改革研究与实践项目“‘三三模式’在管理学课程思政教学改革中的应用实验与探索”（项目编号：2022GJJG573）的研究成果

# 高校教学改革与创新研究

朱光婷　高　伟　李慧迪◎著

中国商业出版社

**图书在版编目（CIP）数据**

高校教学改革与创新研究 / 朱光婷，高伟，李慧迪著. -- 北京 : 中国商业出版社，2025. 3. -- ISBN 978-7-5208-3350-9

Ⅰ. G642.0

中国国家版本馆CIP数据核字第202572650J号

责任编辑：石广华

策划编辑：武维胜

中国商业出版社出版发行

（www.zgsycb.com　100053　北京广安门内报国寺1号）

总编室：010-63180647　编辑室：010-83128926

发行部：010-83120835/8286

新华书店经销

河北领秀数字印刷有限公司印刷

*

787毫米×1092毫米　16开　13.25印张　245千字

2025年3月第1版　2025年3月第1次印刷

定价：59.00元

* * * *

**（如有印装质量问题可更换）**

# 前　言

教育作为国之大计，是全面推进我国现代化建设的强大动力源泉。改革开放以来，我国高等教育在教育优先发展战略的指引下，通过不断探索、不断超越，在取得一个又一个历史性、阶段性重大进展，为国家经济社会发展作出重大贡献的同时，也面临着前所未有的巨大挑战和历史机遇。

当前，经济全球化使世界经济格局发生新变化，各国的综合国力竞争和各种力量较量更趋激烈，生产力、生产方式、生活方式、经济社会发展格局正在发生深刻变革。这种变化使改革创新成为经济社会发展的主要驱动力，成为国家竞争力提升的核心要素。在知识经济时代背景下，经济社会发展不仅取决于人才的数量和结构，而且取决于人才的创新精神与创新能力。对于高校而言，作为人才培养的摇篮，其肩负着培养一大批通晓现代需求、贯通国际规则、具有战略视野、敢于开疆辟土的拔尖创新人才的重要责任。拔尖创新人才是我国实现高质量发展的重要战略力量，其在建设教育强国、科技强国、人才强国等方面发挥着至关重要的作用。培养拔尖创新人才的意义重大，不仅可以为经济社会的高质量发展注入创新活力，而且可以为我国现代化建设提供内生驱动力以及人才支撑。大学生作为国家培养的拔尖创新人才，理应成为我国实施人才强国战略的生力军，肩负起全面推进强国建设、民族复兴的重要使命。大学生能否不断追求创新、与时俱进，是当前高校教学改革与创新关注的一项重要内容。

结合实践来看，教学改革与创新是高校前进的动力。高校教学改革与创新和经济、政治、科技、文化、社会变革发展等方面有着千丝万缕的联系。要想实现高校教学改革与创新，就要聆听时代的声音，回应社会的呼唤。

本书以高校教学的本质特征为出发点，不仅回顾了改革开放以来的高校教学改革历程，分析了现代高校教学改革的趋势，而且指明了高校教学改革与创新的紧迫性。本书从教学方法、课程体系、实践教学体系、教学评价、教学质量监控等方面，多角度地分析了如何进行高校教学改革与创新。本书还关注了高校师资队伍的变化、人工智能技术的兴起对高校教学带来的深远影响，探究了高校师资队伍改革方案，探讨了人工智能与高校教学系统的改革和创新。

本书由重庆工程学院的朱光婷、河北机电职业技术学院的高伟和邢台学院的李慧迪共同撰写完成。由于笔者的水平与时间有限，本书难免存在局限。笔者在此恳切希望广大读者给予批评指正，以使高校教学改革与创新获得进一步的发展。

朱光婷

2024年8月

# 目　录

# 第一章　高校教学改革概述

高校教学是人才培养的关键环节，是与培养拔尖创新人才相适应的教学活动。然而，传统的高校教学已经不能满足培养拔尖创新人才的需要，因此高校教学需要改革。自改革开放以来，经济社会的发展对拔尖创新人才的数量和质量提出了更高的要求，使得高校教学改革势在必行。本章在认识高校教学本质和特征的基础上，对改革开放以来的高校教学改革进行了全面的总结与反思，肯定了其所取得的成绩，并结合实际情况，为现代高校教学改革指明了前进的道路。

## 第一节　高校教学的本质和特征

对高校教学的本质和特征进行系统性研究，不仅是为了更好地理解高校教学的内在规律，更是为了应对时代挑战，优化高校教学模式，提升高校教学质量，培养出更多能够适应未来社会需求的拔尖创新人才。

### 一、高校教学的本质

高校教学的本质问题是有关高校教学理论与高校教学实践的核心问题，对高校教学理论与高校教学实践的发展具有重要价值。从高校教学实践的角度而言，高校教学的本质制约着高校教学目标和任务的制定，影响着高校教学活动的设计、实施和评价，最终决定着人才培养的质量和水平。从高校教学理论的角度而言，高校教学的本质制约着高校教学理论体系的构建，影响着高校的学科建设。关于高校教学的本质，我国教育界形成了以下几种比较有代表性的观点。

### （一）特殊认识说

这种观点认为，高校教学是一种特殊的认识过程。高校教学的过程与人类的认识过程既一致又有区别，其特殊性表现在教师的引导性、内容的简约性、过程的简捷性、学生发展规律的制约性、目的的全面性等。

学生是有意识的、具有能动性的主体，教材是他们的认识客体。高校教学过程是人类认识过程的一种形式，受认识论一般规律的制约。学生在高校教学过程中进行的认识活动并不完全等同于人类的一般认识活动，而是有其自身的特点：一是间接性，即学生主要以人类长期积累的科学文化知识为中介，间接地认识现实世界；二是引导性，即学生的认识需要在教师的引导下进行，不能独立完成；三是简捷性，即学生的认识走的是一条认识的捷径，是一种文化科学知识的再生产，因此高校教学过程是人类认识过程的一种特殊形式。高校教学过程只有既遵循人类认识的一般规律，又充分注意学生认识的特殊性，才能实现科学化，才能取得预期的效果。

### （二）认识—发展说

这种观点认为，高校教学是以认识过程为基础，促进学生发展的过程。人们在认识客观世界的同时，也在改造着自己的主观世界，但其改造是自发、散漫的，没有确定的任务和目标。高校教学过程则不同，由于学生正处于成长、发展阶段，他们不仅有求知的目的，还有接受教育、全面发展的需求，高校教学是以变革主观世界，培养全面发展的人为根本目的的。在高校教学过程中，学生在认识世界的同时，其智力、体力、思想品德、审美情趣和个性品质也都获得了发展。

### （三）多质说

这种观点认为，高校教学是一个多层次、多方面、多形式、多矛盾的复杂过程，因此高校教学的本质应该是一个多层次、多类型的结构。从认识论、心理学、生理学、经济学、伦理学等不同学科来看，高校教学多层次、多类型的本质包括认识过程、发展过程、发育成熟过程、人的再生产过程、培养道德品质、思想意识和行为习惯的过程等。

### （四）双边活动说

这种观点认为，高校教学的本质是高校教学双方的活动，是教师的“教”和学生的“学”的统一活动。这种观点的立论基础使高校教学活动与其他社会活动具有本质区别，强调教与学的联系、相互作用以及统一，强调教学活动是人类社会活动的一种特殊形式。

### （五）认识—实践说

这种观点认为，高校教学是认识和实践相统一的过程，是学生的特殊认识过程和教师的特殊实践过程。从马克思主义认识论（包括认识和实践两方面）出发，高校教学应是一个包括认识和实践两方面的活动过程。从教学活动本身及其功能和结果三个角度对高校教学的本质进行研究可以发现，高校教学是在相互联系的教和学的形式下进行的以传授和学习文化知识为基础，以培养和发展学生的能力和个性为目的，由学校精心组织的社会认识、实践过程。

## 二、高校教学的特征

随着科技、经济和文化的发展与进步，社会对高校教学的要求日趋多样化，现代高校教学的价值观也发生了深刻变化。探索高校教学的特征是更新高校教学理念、认识高校教学规律与改革高校教学思路的前提。一般来说，高校教学具有以下特征。

### （一）专业性

现代高校的性质决定了其教学必然具有专业性，这是因为高校教学是以专业为教育单位进行的，是通过学习专业性的间接经验实现的，是为了培养专业人才而展开的。从课程结构上看，高校既有基础理论课又有普通公共课程，这些课程最后都要归结到专业课程上。尽管不同国家高校的专业口径和范围存在差异，但专业性都不同程度地贯穿在高校的教学过程中，这是世界各国高校共有的特点。

### （二）前沿性和职业性

学术是高校的逻辑起点，对知识的传递、批判和探索是高校永恒的主题。高校的这一特性要求高校教学具有前沿性和职业性。高校教学的前沿性要求高校教学不仅要向学生传授已经有定论的科学知识和专业知识，而且要向学生介绍最新的科学成就、各种学术流派和学术观点以及各学科需要进一步研究和探索的问题。这有助于启发学生的积极思维，走进学科前沿，深入某个学科领域，培养学生的创新和探索精神。

高校教学的职业性主要体现在专业人才的培养上。高校培养的专业人才是与社会职业相对应的，高校通过教学使学生成为医生、律师、法官、工程师、经济管理者和教师等，在社会中从事各种专门职业。由此可见，高校教学的职业性满足了高校人才培养的需求。高校教学的职业性还体现在创新职业上，因为新职业往往随着新的知识的产生而出现，而高校可以依靠自身的知识优势，将新知识迅速转化为新专业，从而形成新职业。

### （三）独立性和自主性

高校教学虽然也是学生在教师的指导下学习间接经验的过程，但与中学生相比，大学生学习的独立性、自主性逐步增强。大学生不像中学生那样以接受学习为主，而是自己去探索知识和发现知识。在高校中，随着学习年限的增加，学生的学习层次逐步提高，对教师的依赖大大减少，自我管理、自我选择发展方向的能力不断提高，学习的自觉性、独立性大大增强。教师的主导作用也会随着学生学习年限的增长而不断发生变化，由具体知识的传授逐步转换为方法点拨和思想启迪。[①]

### （四）教学与科研的紧密结合性

发展科学是高校的重要职能，这就决定了高校具有教学与科研相结合的特点。一般而言，高校教学与科研紧密相连。科研不仅是高校为社会服务的主要形式，而且是培养新型人才、提高教师专业发展的重要手段。

事实上，在高校教学中很难将教学与科研分开。高校教师既是教育者又是研究者，这是由高校的性质所决定的。对学生而言，学习专业知识和进行学术研究是共同发展的。可以说，学习与科研相结合是当代高等教育发展的基本趋向。

### （五）实践性

高校教学不仅要传授知识、技能与技巧，而且要培养学生应用知识的能力，将抽象的专业理论知识具体化，培养学生参与实践活动的意识、态度和方法。高校教学还要引领学生从学习转向实践，这主要体现在高校的实习、实践等环节中，特别是一些理工类高校，社会实践活动在其教学计划中的占比很高，充分体现了高校教学的实践性特点。

---

① 王君. 多维视角下的高校教学改革与德育优化研究[M]. 北京：北京燕山出版社，2022：74.

# 第二节　改革开放后高校教学改革回顾

改革开放以来，我国高校教学改革所取得的成就是有目共睹的。本节从政策分析的视角出发，在对我国高校教学改革政策及其成果进行历史性梳理的基础上，分析了政策在我国高校教学改革中发挥的作用，并总结出高校教学改革政策变迁的特点，以期为今后我国高校教学改革政策的制定及其导向提供参考。

## 一、不同时期高校教学改革的发展

根据不同时期高校教学改革的变化，高校教学改革的发展可分为三个重要时期，分别是高校教学改革起步阶段、高校教学改革全面推进阶段、高校教学改革质量提升阶段。

### （一）高校教学改革起步阶段

高校教学改革的起步阶段是1985—1992年。在全社会对高质量专业人才的需求量大增的背景下，我国高校开始采取试点式教学改革，并在试点改革初步成功的基础上，使政策正式介入高校教学改革。

1985年，中共中央颁布了《中共中央关于教育体制改革的决定》（以下简称《决定》）。《决定》涉及人才培养模式改革的多个方面，是当时高校教学改革的纲领性文件，其中指出教育体制改革的根本目的是提高民族素质，多出人才，出好人才。

在改革开放初期，我国高校教学模式仍然主要模仿苏联，即在人才培养方面强调专业教育。这种模式虽然有效地拓宽了专业覆盖面和专业精细度，但忽视了学生的知识宽度，不利于学生未来的发展。针对这样的情况，《决定》在4个方面为高校教学改革指明了路径。

首先，高校原有的招生模式是国家统一招生，毕业生由国家整体分配。为改变这一形式，高校根据《决定》采用了3种办法。第一种是改进国家的计划招生，围绕国家近期和远期发展的人才需求，做好高等教育总体规划和人才需求中长期预测，实行国家计划指导、本人选报志愿、高校推荐、用人单位择优录用的制度。第二种是通过用人单位委托招生模式，即为了满足用人单位的人才需求，可以继续推行用人单位委托高校培养人才的制度。用人单位向高校交纳一定的培养费，学生毕业后即可按合同规定进入委托的用人单位工作。第三种是在国家计划之外招收一定的自费学生，由学生交纳一定的培养费，毕业后由高校推荐就业，也可以自主择业。

其次，在学科专业调整方面，高校的专业设置相对狭窄，在不同程度上脱离了中国的发展需求，和当代科学文化的发展不相适应。因此，高校需要有针对性地进行学科专业调整。

早在1982年就已经开始的高校学科专业调整在《决定》的推动下开始大规模展开，并在1987年结束了首次高校学科专业调整，不仅调整了部分专业的名称，还拓宽了专业的招生口径，对新兴边缘学科和较为薄弱的学科进行了充实和加强。虽然原本1 400多种专业种类被缩减到671种，但专业口径更宽，有效推动了学生知识面的拓展。

再次，在教学计划和教学内容方面，原有的高校教学计划和教学内容更偏向计划经济体制的需求。但随着改革开放政策的实行，高校的教学计划和教学内容开始呈现同质化倾向，无法和变化巨大的经济发展模式相匹配。因此，《决定》指出，要给予高校更大的办学自主权，高校有权调整专业的服务方向，有权制定教学计划和教学大纲，有权自主编写和选用对应教材。此项决策赋予了高校在教学计划和教学内容改革方面更大的自主权，有效促进了高校针对自身特性和学生特性进行的自主调整和改革。

最后，在高校的课程体系方面，《决定》指出要积极进行教学改革的各种试验，精简和更新教学内容，减少必修课，增加选修课，增加实践环节，实行学分制和双学位制，并增加学生的自学时间和课外学习活动，有指导性地开展勤工助学活动；同时要提高教师的教学水平和学术水平，为教师提供进修和从事科学研究、学术交流的机会。

《决定》的颁布意味着我国高等教育开始从计划经济时代向有计划的商品经济时代转轨，能够根据社会环境的变化匹配人才规格和人才培养模式。

### （二）高校教学改革全面推进阶段

高校教学改革全面推进阶段是1993—1999年。1992年，党的十四大明确提出要建立社会主义市场经济体制。社会主义市场经济体制的建立必然导致社会方方面面的变化，高等教育也不例外。在这一阶段，我国高校教学在前一阶段教学计划、教学内容放权的基础上开始了全方位的改革。

1993年，中共中央颁布了《中国教育改革和发展纲要》。在该文件的指导下，原国家教委及相关部门颁布了多项政策，对高校教学进行了大刀阔斧的改革。从颁布的政策来看，高校教学改革主要围绕两个方面的内容展开。一是教学内容和课程体系改革。教学内容和课程体系直接反映高校教育目的和培养目标，是保证和提高高校教学质量的核心环节。因此，这方面的改革被看作教学改革的突破口，对带动各方面教学改革向纵深发展产生了深远的影响。为了深化高校教学改革，提高高校教学质量，培养适应21世纪我国社会发展和现代化建设需要的人才，原国家教委制定并实施了《高等教育面向21世纪教学内容和课程体系改革计划》。二是加强文化素质教育。针对以往忽视文化素质教育的问题，1995年7月，原国家教委高教司印发了《关于开展大学生文化素质教育试点工作的通知》，指出要加强大学生文化素质教育，使专业人才具有较高的文化素质。同年，原国家教委确定在北京大学、清华大学等52所高校开展文化素质教育试点工作。经过3年的试点工作，教育部高等教育司在第一次全国普通高等学校教学工作会议上颁发了《关于加强大学生文化素质教育的若干意见》等文件，在全国高校全面推行文化素质教育。1999年6月，中共中央、国务院颁布了《关于深化教育改革全面推进素质教育的决定》，有力地促进了高校素质教育向纵深方向发展。加强文化素质教育的思想不仅引发了高校课程体系的改革，突破了以往“公共基础课—专业基础课—专业课”的“三段式”线性课程编排模式，将素质教育课程提到与专业课程同样重要的地位，而且打破了专才教育思想一统天下的局面，为通才教育思想逐步渗透到高校教学改革进程中奠定了基础。此外，在这一阶段，国务院还颁布了《教学成果奖励条例》，通过提供奖励，有效地激励了教育工作者推进高校教学改革。①

这一阶段颁布的高校教学改革政策如此之多的原因在于外部社会环境的变化致使高等教育进入严格意义上的改革阶段。高校教学改革的拉动力主要来自两个方面：一是市场经济体制要求。市场经济体制要求高校人才培养要适应市场机制所具有的灵活性、多样性的需求。二是21世纪的社会需求。谁掌握了面向21世纪的教育，谁就能在21世纪的国际竞争中处于战略主动地位。在这一思想的指导下，从政府到高校均有计划地开展了面向21世纪的一系列高校教学改革，力图以高校教学改革为契机，实现高等教育思想和人才培养模式的全面改革。

① 宋燕. 教学学术视角下的高校教学改革与发展[M]. 北京：九州出版社，2023：59.

### （三）高校教学改革质量提升阶段

高校教学改革质量提升阶段开始于2000年，并持续至今。在这一阶段，高校招生人数大幅增加，而教育资源难以在短时间内迅速增长，从而导致高校教学质量下滑。这种现象引发了社会各界的重视和关注，也推动着高校教学改革向提高教学质量的方向发展。我国针对高校教学质量提高颁布了多项政策，并从四个方面推动了高校教学改革的深化。

第一，启动了精品课程建设。这一举措旨在以精品课程建设来带动高校教学改革，从而提高高校教学质量。精品课程建设一直持续至今，依托互联网技术已经成为提高高校教学质量的重要渠道。

第二，开展高校教学水平评估。具体包括建设专业结构调整和专业认证体系，促进课程和教材建设与资源共享，推动“实践俭学”和人才培养模式创新，加强高水平教师队伍建设，公布教学水平评估基本数据，以便通过加强教学水平评估来建立提高高校教学质量的长效机制。

第三，设立高校教学名师奖。通过高校教学名师奖的设置增强全社会关注高校教学、关注名师，营造有利于高校教学质量提高的良好社会氛围。

第四，卓越人才教育培养计划的实行。从教育部发布的《关于实施卓越工程师教育培养计划的若干意见》，教育部和中央政法委联合实施的《卓越法律人才教育培养计划》，到教育部和中国工程院印发的《卓越工程师教育培养计划通用标准》，再到教育部印发的《关于加快建设高水平本科教育全面提高人才培养能力的意见》，这些文件的目标都是通过卓越计划的推进和实施，提升高等教育的教学质量。

与上一阶段的高校教学改革不同的是，此阶段的高校教学改革主要是由高等教育从精英化阶段发展到大众化阶段并进入普及化初级阶段所引发的，高校教学改革已经不再是较为孤立的事项，而是以提高高校教学质量为核心，两者紧密结合、共同推进的战略工作。

## 二、改革开放后高校教学改革的政策变迁特点

改革开放政策推动着中国经济快速发展，同时对人才的要求也在不断提高。在此过程中，社会环境、经济环境、政治环境、科技发展等都会对高校教学改革产生影响。高校教学改革的政策同样也会随着高校教学改革的推进而发生相应的调整，主要体现在两个方面。

### （一）政策环境影响高校教学改革政策变化

改革开放以来，我国的政策环境发生了巨大的变化。这些变化也促使社会环境发生了变化，而社会环境的变化对人才培养提出了更加多样化和灵活化的要求。

在政策环境的影响下，高校教学改革需要针对改革开放所处的不同阶段，解决对应的问题和协调价值取向。高校教学改革并非一蹴而就，为了保证在高等教育稳定发展的同时进行有效的高校教学改革，高校教学改革政策从高校教学管理体制改革入手，再逐步渗透到高校教学计划、学科专业目录调整，之后再逐步深入高校教学内容和课程体系的改革，最终影响教育思想，促进教育理念的变革。

进入21世纪，中国高等教育逐步进入大众化阶段并快速发展。在高等教育从精英化阶段向大众化阶段过渡的背景下，高校教学质量的问题逐渐凸显。针对此项问题，高校教学改革政策开始从教学评价、师资力量建设着手，通过精品课程建设和卓越计划实施切实提高高校教学质量。在此过程中，精品课程从试点转变为全面推广，这是因为高校教学质量得到了有效提高；卓越计划的实施同样如此，我国高校得以进行卓越人才培养，正是因为高校教学质量依托卓越计划的实施实现了巨大提升。

可以说，高校教学改革政策的变化必然建立在政策环境变化的基础上，高校教学政策的出台需要对政策环境进行有效把控和研究，在预测未来政策环境的变化后，制定具备先导性和前瞻性的政策来引导高校教学改革质量的有效提高。

### （二）高校教学改革政策的功能从协调功能转变为激励功能

通常情况下，政策的制定主要是为了满足以下两种需求：一种是协调冲突和矛盾的需求，即通过政策来缓解冲突和矛盾，促使充满矛盾的双方或多方并行发展；另一种是建立集体激励机制，以便充分发挥集体的主观能动性，从而有效推动某项事业的良性持续发展。

在以上两种需求中，第一种需求虽然能够促使矛盾缓解，并推动矛盾双方或多方并行发展，但无法令矛盾双方或多方进行有效的融合发展，无法充分发挥彼此的最大优势；第二种需求更具促进效果，能够满足矛盾双方或多方多样化发展的需求。

改革开放以来，我国高校教学改革政策同样如此，经历了从协调功能向激励功能转变的过程。

在改革开放初期，高校教学改革政策主要是发挥协调作用，通过政策性立项逐步寻找共存和融合的路径。但是，随着社会和经济的发展以及教学改革成果的不断呈现，高校教学改革政策开始逐步向建立激励机制倾斜，并通过财政投入和充分肯定教学改革成果来有效挖掘高校自身的主观能动性，从而满足人才培养的多样化需求和高校多样化发展的需求。

## 第三节　现代高校教学改革分析

《中华人民共和国国民经济和社会发展第十四个五年规划和2035年远景目标纲要》（简称“十四五”规划）明确表明：“深化新时代教育评价改革，建立健全教育评价制度和机制，发展素质教育，更加注重学生爱国情怀、创新精神和健康人格培养。坚持教育公益性原则，加大教育经费投入，改革完善经费使用管理制度，提高经费使用效益。落实和扩大学校办学自主权，完善学校内部治理结构，有序引导社会参与学校治理。深化考试招生综合改革。支持和规范民办教育发展，开展高水平中外合作办学。发挥在线教育优势，完善终身学习体系，建设学习型社会。推进高水平大学开放教育资源，完善注册学习和弹性学习制度，畅通不同类型学习成果的互认和转换渠道。”本节根据“十四五”规划提出的要求，对现代高校教学改革的理念与导向，以及原则、思路展开了深入分析，为后续的高校教学改革研究指明了方向。

### 一、现代高校教学改革的理念与导向

#### （一）学术自由

高校以学术自由为核心理念，将学术自由作为自身赖以立足的根基。

学术自由，就是在个人职位、地位不受损害的前提下，学者有权利自由行事，有权利对研究课题、教学内容进行自由选择，同时有权利发表自身的论述，有权利对研究方法、研究方向进行自由选择。任何不顾及学者个人的学术能力、学术旨趣，强迫学者听从命令行事的现象，都是被学术自由所反对的。

在本书中，学术自由特指学者从自身的学术标准和智力倾向出发，自由地进行研究与开展教学，通过多种形式（如论文著作、学术讲座等）自由举办、

参与学术活动。当然，学者所发表的论点应当经过严格调研，确认其真实性。学术自由对学者自由参加学术团体、组建学术团体提供了强大的保障。

学术自由并非代表着学者能够任性妄为地做事或发表言论。实际上，学术自由仅能被用于处理学术事务，如学者对自身通过长时间的深入钻研得到的正确结论进行传播、传授，自由地与同事交流心得，出版、传播那些经过缜密分析、系统研究的结论。上述所提及的，方是真正的、正当的学术自由。

此外，学术自由也包括学生从自身的职业追求和兴趣出发，对科目、课程自由地进行选择；学生从自身的娱乐需求、政治需求和智力需求出发，自由地组建社团。

### （二）国际化

#### 1. 高校国际化的特点

高校国际化指的是高校身处国际化的环境中，为了培养高素质的、在国际上有竞争力的人才，对于国际所公认的知识进行再创造的过程。高校可以依靠教学资源的跨国流动，使自身的教学资源与其他国家的教学资源彼此交融、彼此影响，从而使自身具备国际化特征。

具体来说，高校国际化包括如下特点。

第一，高校国际化并非一朝一夕便能实现的，而是需要经历一个漫长的过程。不同高校所处的国际化阶段也有所不同，同时不同高校也有着不同的亟待解决的国际化问题。高校在制订自身的国际化中长期规划时，应当从自身特点和国际化标准出发，坚持循序渐进，一步一步地对不同阶段可量化的国际化目标予以实现。

第二，高校国际化旨在培养高素质的、在国际上有竞争力的人才，对为国际所公认的知识进行创造，因此高校不能为了国际化而国际化。

第三，教学资源的跨国持续流动是高校国际化的重要手段。高校在利用、融合其他国家的教学资源时，唯有采用有效的奖惩政策，才能够对原有的地方化办学的惯性予以挣脱，激发教职员工对高校国际化的参与积极性，从而使高校在激烈的国际竞争中处于主动地位而非被动状态。

第四，高校国际化既表现在规章制度、行政管理、市场竞争、办学理念等宏观方面，也表现在语言、国际交流、科研、教学、学生、教师等微观方面。高校可以从自身特点出发，扬长避短，对自身的优势领域进行重点发展，对其他领域进行渗透、影响。

第五，社会国际化是高校国际化的背景，脱离这一大环境，高校国际化将很难取得成绩。

2. 高校国际化的标准

对于高校国际化，各国政府和学术界都有不同的标准，可谓见仁见智。有的学者认为，非本国师生的数量，或前往其他国家和地区访问、交流的师生的数量，是高校国际化最重要的标准。有的学者则认为，由于各国高校在教学资源配置、认证和评价、课程和教材、人才培养等方面都对国际化因素进行了考虑，对高校国际化的关注重点已不再是师生的流动，而是教育集团的建立、通信技术和信息的使用、教学质量、课程开发等多项内容。

### （三）个性化

我国高校教学改革，以个性化人才培养为重要方向。在改革个性化人才培养模式方面，一流高校所具备的条件是得天独厚的，能够形成示范带动效应。在对我国一流高校改革个性化人才培养模式的对策进行思考时，一方面要有系统思维、宏观视野；另一方面要立足于实际情况，从现有条件、制度出发，对当前高校个性化人才培养模式改革进行进一步完善与深化，最大限度地对学生的个性化发展予以促进。

高校个性化人才培养，就是对人才培养理念的更新予以重视，对个性化培养予以强调；就是积极改进专业设置模式，实现独特个性发展的强化；就是对课程设置方式进行持续优化，促进个性自由发展；就是注重教学制度体系改革，着眼于个性全面发展；就是对教学组织形式进行大力创新，帮助提升主体个性；就是对教学管理模式进行深入改革，使其与个性发展要求相适应；就是对隐性课程形式培育予以重视，助推和谐个性发展；就是注重教学评价方式的完善，引导个性全面发展。

## 二、现代高校教学改革的基本原则

自中国特色社会主义进入新时代以来，高等教育为了适应经济社会发展、实现教育强国、全面深化教学改革，在以实现高质量内涵式发展为核心的发展目标的指导下，提出了建设一流大学和一流学科的“双一流”发展战略，加快推进了淘汰“水课”、建设“金课”的教学改革，坚持立德树人，取得了突破性的成效。全面深化高校教学改革，提升高校人才培养质量是现代高校的重要使命。高校教学改革作为高校教学工作的核心，是全面、系统地深化高等教育改革的关键。高校教学改革关系高等教育能否实现高质量内涵式发展，能否为中国特色社会主义事业培养高质量的人才。为此，现代高校教学改革必须毫不动摇地坚持社会主义办学方向，始终坚持并遵循立德树人、优化资源、过程管理、促进发展、以学生发展为中心、创新性等原则。

### （一）立德树人原则

“十四五”规划指出高校应当坚持立德树人，加强中华优秀传统文化教育，培育和践行社会主义核心价值观，养成优良的校风、教风和学风；自觉把立德树人放在首位，贯彻“三全育人”理念，即全员育人、全过程育人、全方位育人。可以说，立德树人是引领高校教学改革的主要原则。

高校教学以立德树人为根本任务，代表着高校教学既肩负着传承文化、创新文化的任务，又承载着塑造健康人格、提高学生的综合能力、提升学生的道德素质的职能。这也让我们深刻认识到，“人”是高校教学的根本对象，“育人”是高校教学的根本任务。因此，首先，高校教学改革必须注重培育师德，在育人的过程中，将培育师德作为关键；其次，高校教学改革要注重“树人”，将培养学生的创新实践能力、创新意识以及社会责任感、公民意识作为重点工作。

### （二）优化资源原则

高校教学改革目标的实现，以高校教学资源的优化为基础保障。高校教学资源包括两种类型，分别为无形资源、有形资源。有形资源主要包括三种，分别为财力资源、物力资源和人力资源，具体为校内外实习实训基地、教学辅助资源（如体育场馆、多媒体设施、语音室、自习教室、实验室、教材等）、图书馆、师资队伍、经费等。无形资源则主要包括高校知名度、社会捐赠资源、电子信息资源、校园文化底蕴、教育教学理念、师资队伍素质等。高校教学改革，就是要优化、整合高校教学资源，从而让高校教学资源服务于高校教学改革。唯有如此，方能充分发挥高校教学资源对高校教学改革的作用，保证高校教学工作的中心地位，从而稳步提升高校人才培养质量。

### （三）过程管理原则

高校教学改革以高校教学管理制度改革为重要内容。对于高校而言，高校教学管理制度改革对实现人才培养质量的提高有着重要的现实意义。因此，高校要立足于高校教学管理制度的顶层设计，对人才培养过程予以更多重视，加强对人才培养质量的管理、监控。由于人才培养过程具有发展的创新性、环境的适应性、实践的能动性、结构的科学性、功能的整合性、目标的指向性，高校应当依靠创新高校教学管理制度，让高校教学管理更加个性化、动态化、灵活化，为破除现阶段高校教学管理中的各种弊端提供新机制，确保高校教学质量评估结果更加有效、科学、客观，以良好的服务支撑与外部环境助推高校教学改革的实现。

### （四）促进发展原则

高校教学改革应坚持促进发展原则，不管是创新高校教学管理制度，还是整合、优化无形资源与有形资源，抑或是将立德树人作为根本任务，其最终目的都应是为稳步提高人才培养质量、持续提升高校办学水平、持续开展高校教学改革提供保障，使高校坚持走特色办学、特色兴校、特色立校之路，逐步形成以特色求发展、以服务求支持、以质量求生存的办学理念，从而在高等教育发展中拥有一席之地，避免让自己在激烈的竞争中遭遇淘汰。

### （五）以学生发展为中心原则

提高高校人才培养质量成为新时代高等教育发展的主题，保障人才培养质量是高校的重要责任。人才培养是高等教育发展的根本，现代高校教学改革最基础、最根本的工作就是促进学生实现全面、高质量的发展，这也是高校持续不断地推进教学改革的根本目标。离开学生的发展，一切高校教学工作都失去了意义。

现代高校教学改革必须以学生发展为中心，无论是高校的管理者，还是教师，都需要认识到教学的目的不在于教，而在于学。从这一方面来看，以学生发展为中心的现代高校教学改革，必须充分发挥学生的主体地位，以学生的学习质量为关注点，重视学生的学习方法和学习效果，促进学生德、智、体、美、劳的全面发展，培养具有创新精神和创新意识的高质量人才。

#### 1. 现代高校教学改革要关注学生的课堂教学参与度

促进学生的全面发展是高校教学改革的出发点和落脚点。课堂教学是高校人才培养的主阵地，学生积极参与课堂教学是课堂教学质量提升的基本条件。在课堂教学中，如果学生成为课堂教学的“局外人”，缺乏参与课堂教学的积极性和主动性，使得课堂教学成为教师一个人的活动，那么课堂教学的效果可想而知。因而，提高学生的课堂教学参与度已经成为现代高校教学改革的首要任务。

在课堂教学中，教师要贯彻启发式教学思想，运用启发式语言促进学生积极思考教学过程中提出的问题，点燃学生心中的火种，调动学生学习的积极性，加强学生对教学内容的深刻理解，激发学生对学习的兴趣，增强学生学习的内在动力；要转变教学方式，将探究式教学、案例式教学引入课堂教学过程，积极创造学生参与课堂教学的机会，提高学生的课堂教学参与度，从而提高课堂教学质量。

#### 2. 现代高校教学改革要关注学生的学习方法

学习方法是指学生在学习过程中为达到一定的学习目标，根据学习的规律采取的步骤、程序、途径、手段。学习方法具有目的性、规律性、主体性及对象性等特点。学生在学习过程中存在两种不同性质的学习方法：一是深层学习法；二是表层学习法。深层学习法和良好的课堂教学、明确的学习目标和要求，以及学习中的自主性有着密切的关系。表层学习法和学习负荷过重等感知有密切的关系，不是一种理想的学习方法。学习成绩好的学生往往是采用深层学习法，因为他们有能力把所学课程的各种要素融通起来，能理解如何把这种对知识的理解及其相互关系运用到新的、非具体化的情境中。科学的学习方法是实现有效学习的条件，可以使学生的学习取得事半功倍的效果，并激发学生学习的积极性和主动性。因此，现代高校教学改革需要关注学生的学习方法，引导学生选择适合自己的学习方法。

#### 3. 现代高校教学改革要关注学生的学习效果

学生的学习效果是高校教学效果的体现，高校教学的目标就是促使学生通过课堂学习取得良好的学习效果。学生的学习效果是信息进入大脑之后，经过内化和转化而生成的知识结构、价值体系和情感态度的总和。影响学生学习效果的因素有很多，如教师的教学风格、教学方法和教学方式，学生的学习方法、学习态度和学习积极性等。在深化高校教学改革的过程中，必须关注学生的学习效果，一方面是因为学生的学习效果是高校教学效果的衡量标准之一，另一方面是因为学习效果关乎学生的学习质量。

现代高校教学改革要聚焦于学生的学习效果，根据学生的学习效果及时改进高校教学，提高高校教学质量。同时，关注学生的学习效果也是以学生发展为中心的必然要求。

### （六）创新性原则

创新性原则是指着眼于高校教学实践需求，大力推进高校教学改革创新；着眼于新时代中国特色社会主义发展对人才培养的要求，培养具有创新精神和创新能力的拔尖创新人才，不断提升高校的人才培养质量。

创新是现代高校教学改革深化的根本途径，也是高校培养高素质人才的有效手段。坚持创新性原则是全面建成世界一流高校和世界一流学科，培养世界一流人才的必然趋势。需要指出的是，现代高校教学改革在坚持创新性原则的同时，必须做到具体问题具体分析。高校是高校教学改革的主体，是高校教学改革的具体决策者、组织者和直接受益者。每所高校因其办学定位和发展历史不同，呈现出不同的特点。高校必须从自身实际出发，因时、因地、因校地推进教学改革，杜绝盲目地照搬、照抄其他高校的教学改革方案。创新决定未来，改革关乎高等教育的发展，因此改革不能停歇，创新不能止步。现代高校教学改革必将在创新之路上绽放生机和活力。

高校教学改革是高校持续不断发展的动力，是现代高校教学工作的核心，也是提高高校人才培养质量的重要途径。当前高校面临着新的机遇、新的要求和新的挑战，其要想培养适合社会发展的全面发展的创新型人才，就必须持续不断地推动教学改革，以适应经济社会和高等教育自身发展的要求，不断提高人才培养质量，实现高等教育高质量内涵式发展，为新时代中国特色社会主义事业作出新的贡献。

## 三、现代高校教学改革的总体思路

### （一）树立创新型教学观念

#### 1. 构建创新型人才观

构建创新型人才观，有利于促进高校树立创新型的教学观念，促进高校进一步实施教学改革。人才观是教育观的基本问题之一，对人才培养方向、未来的人才衡量标准以及教育实践、课程设置等内容都具有导向作用。高校是创新型人才成长的重要阵地，为满足社会对创新型人才的需要，高校教学改革首先应从树立创新型的教学观念入手，构建创新型的人才观，坚持高效内涵式发展，不断提高高校教学质量。[①]具体来看，高校可以从以下几个方面树立创新型人才观。

（1）打破学科界限，树立综合人才观

随着知识经济时代的到来，我国社会越来越综合化、整体化。随着科学知

① 周海涛，林思雨. 高等教育强国视域下高校教学改革的逻辑和路径[J]. 内蒙古社会科学，2024，45（5）：40-46，221.

识与人文素养相融合，现代科学技术的发展呈现出在高度分化的基础之上又高度综合的特征。虽然学科门类越分越细，但学科之间的关系也日益紧密，相互之间的交叉程度日益加剧。然而，在过细的专业设置和学科分类下培养的人才显然不适应现代社会对人才的要求。现代社会的进步依靠多门学科、多种技术的综合应用，新的发现往往产生于交叉学科和边缘学科之间。这是因为人们拥有的信息量越大、文化素养越高，思想便越开阔，逻辑思维和形象思维便结合得越紧密。因此，高校应将专才教育与通才教育相结合，打破学科专业之间的界限，突破传统教学的认识局限，树立综合人才观，提高学生的创新能力。

（2）强调以问题为中心，培养怀疑和批判精神

创新始于问题，因此强化问题意识是高校培养创新型人才的关键。提出新问题，或者从全新的角度思考老问题，往往会产生新的发现。问题是个体对外界事物的认知与思考，它有助于帮助个体突破思维定式的禁锢，激发个体的想象力和好奇心，使个体对新出现的情况和新发生的变化及时做出反应。发现与提出问题，就是对已有事物或理论的怀疑和批判，只有这样才能突破已有认识的局限，由已知进入未知。因此，教师应注重激发学生的问题意识，培养学生的怀疑精神和批判精神，激发学生的探索欲望，鼓励学生主动发现问题、探索问题、主动创新。

（3）重视人的非智力因素，造就独立创新人格

智力活动在创新能力发展中具有重要的作用，但是创新能力不仅是一种智力活动，更是一种人格特征，一种积极探索问题的心理倾向，一种追求创新的精神意识，一种不断适应社会发展的应变能力。因此，在高校教学过程中，教师应当注重培养学生的注意力、观察力、记忆力等智力因素，注重发展学生的兴趣、动机、情感、意志、性格等非智力因素，以促进两者的协调发展。

### 2. 构建创新型教学观

构建创新型教学观是高校教学改革的主要内容之一。随着时代的发展与变化，传统的以认知为中心的工具理性教学观逐渐暴露出其局限性，如忽视了人的生命活动的生动性、复杂性等特征，以认知的确定性代替，割裂了教学与实际生活的联系，造成教学机械化、程式化，阻碍了创新型人才的发展。因此，提高人才培养质量，必须构建创新型教学观，以人的实际生活为基础对象，注重动态的变化和创造，注重教学过程的生成性，关注个体差异。总之，创新型教学观是以动态的、开放的眼光看待高校教学。为顺利实现高校教学改革，高

校需要从以下几个方面构建创新型的教学观。

（1）从以“学会”为中心到以“会学”为中心

传统的教学目标是让学生“学会”已有的知识和技能，强调学生对知识和技能的掌握，重视获取知识成果和累积信息。随着科技社会的到来，人才的需求发生了变化，因此高校教学应围绕着“教会学生学习”而展开，强调让学生掌握学习的方式方法，自行获取知识和技能，并能自主运用知识和更新知识。要想以“学会”为中心，高校就必须贯彻新的思想观念，改变传统的“教师讲、学生听”的教学模式，利用具有探究性质的教学方法，通过“提出问题—解决问题”的基本方式，使学生在学会结论性内容的基础上，提高自身的应变能力和实际应用能力，培养学生的创新精神，提高学生的综合素质。

（2）从以教师为中心到以学生为主体

高校必须从以教师为中心转变为以学生为主体，这是高校创新人才培养的首要观念，因为没有主体地位就谈不上主动性、创造性。以学生为主体要求以教师为主导，即教师要引导、组织课堂教学，教会学生怎样学习，使学生积极主动地获取知识、发现知识。以学生为主体，就是让学生掌握学习的主动性，自觉、独立地学习，创造性地解决问题。以学生为主体的高校教学，是从教师和学生集体智慧的博弈中去改变学生对高校教学的认识，由此促进学生创造性思维的发展。

### 3. 构建创新型学习观

高校教学改革以实现学生的全面发展为主要目标，构建创新型学习观，对促进学生的全面发展具有重要作用。一般认为，学习观是指学生对知识、学习的认识，也有人把它看成学生对知识和学习的一套认识论系统，涉及对知识性质、学习性质、学习过程与学习条件等维度的直觉认识。学习观是学生对学习本质属性的认识和看法，对教师的教学方式和学生的学习方式具有决定作用，影响着高校教学效果和人才培养质量。创新型学习观作为一种科学的学习观，强调学生在学习过程中的主观能动性，强调学生积极主动地建构自身的知识结构，强调学生的创新精神和实践能力，有助于实现学生自学能力、创新能力和整体素质的共同提高。要想构建创新型学习观，高校需要考虑以下几个方面。

（1）接受式学习与研究型学习的统一

创新型人才的学习方式应该是接受式学习与研究型学习紧密结合的方式。

作为传统的学习方式，接受式学习在培养创新型人才方面存在固有的弊端，但是在传播人类文化的精华、促使学生在短时间内掌握大量的知识方面发挥着不容忽视的作用。因此，我们不能全盘否定和抛弃接受式学习，但也不能将接受式学习作为唯一的学习方式，而是应将接受式学习与研究性学习相结合。研究型学习要求学生有效掌握和运用知识，发挥主观能动性，合理设定学习目标、选择学习方法、安排学习时间、积极进行自我评价等，还要求学生能够围绕问题展开探究活动，并做出合理解释，积极与他人交流与合作，从而培养创造性思维和创新能力。实际上，在当今新知识和新技术不断涌现的知识社会中，接受式学习与研究型学习不可能完全独立，两者相互依存、互为补充。

（2）创新精神和实践能力的统一

从创新教育的角度来说，创新型人才应当既具备创新精神，又具备创新成果转化能力，即实践能力。传统的学习观将对知识的记忆作为掌握知识的标准，在这种情况下，学生的学习兴趣被泯灭，创新精神很难培养，最终影响了学生的创新发展。因此，要建构旨在培养创新精神的学习方式，鼓励学生质疑书本知识，培养学生的怀疑精神和批判意识。另外，实践出真知，真正的学问是产生在实践过程中，通过对知识的内化与运用，形成的一种能够灵活运用的个性化的智慧。因此，应充分重视实践活动对学生创新意识和创新能力的发展价值，提倡学以致用，积极引导学生在实践活动中养成乐于动手、勤于实践的意识和习惯，达到创新精神和实践能力的双重合一。

（3）学校学习与终身学习的统一

学校学习对学生的发展有着重要的影响，学校学习所给予的知识是学生发展的基础，但是在知识爆炸、日新月异的当代社会，仅靠在学校获得的知识是难以适应时代发展的。因此，在学校学习的基础上，学生应不断地学习，唯有如此，才能生存。学生应当树立终身学习的理念，在接受学校教育的过程中，除获得知识以外，还应学会获得知识的方法和能力，包括学习方法的运用、学习资源的获取等，培养自己终生发展的潜能和资本。

### （二）设置完善的教学目标

教学目标是高校教学的出发点，也是高校教学的最终归宿。教学目标在整个高校教学活动中发挥着核心作用，即任何教学活动都围绕教学目标的实现而展开。为进一步促进高校教学改革，高校可以从以下两个方面设置完善的教学目标。

### 1. 教学目标的综合化

在教学过程中，理性的教学目标是学生对知识、技能的掌握和运用，非理性的教学目标则是学生学习的兴趣、动机、态度、思考力、判断力和表现力，两者相辅相成，缺一不可。

第一，培养创新型人才应当确定理性教学目标。理性教学目标是引导学生掌握、运用学科知识和技能，培养学生创新能力的目标。学科知识是学生健康发展、高校顺利开展教学活动的基础和中介，学科知识及其内在的逻辑结构是任何教学活动组织和实施的依据。知识为创新提供了原材料，创新是知识的转化与整合。但是知识的性质、质量不同，对学生创新能力的影响也不尽相同，并不是所有的知识都有助于创新，都能成为创新的动力与源泉。高校教学过程中确定的理性教学目标，不仅包括让学生掌握基本的学科知识，而且包括让学生掌握高质量、有助于创新能力培养的知识，比如在逻辑上有必然联系的知识、程序性而非事实性的知识、以主题为中心构成的结构性知识。这些目标强调知识之间的联系性，有利于学生在面对问题时能够主动结合已有的知识形态，结合问题状况不断深入思考，以增强思维的灵活性和创新的可能性。

第二，突出对学生非理性教学目标的培养。非理性教学目标是相对于理性教学目标而言的，其反映的是创新人才发展的内在要求。从心理学的角度来讲，非理性因素主要包括意志、灵感、直觉、欲望等。也就是说，教学目标不仅包括理性目标，还包括情感、意志、个性等非理性目标。

### 2. 重视高阶能力的培养

高阶能力是以高阶思维为核心，解决复杂问题或复杂任务的心理特征，是学习高阶知识、发展高阶思维和实现知识迁移的能力，主要包括创新、决策、问题解决、批判性思维、协作等。进一步讲，高阶思维是发生在较高认知水平层次上的心智活动或较高层次的认知能力。在教学目标分类中，高阶能力通常表现为较高的能力，如发现问题、分析问题、评价与创造的能力。高阶学习是指运用高阶思维进行有意义的学习。在高校教学改革中，教师应当结合时代发展要求和学生发展的需要设定教学目标，注重对学生高阶能力的培养。

## （三）创新高校的人才培养模式

创新高校的人才培养模式，应当坚持“四个统一”。

第一，坚持德、智、体、美、劳全面发展与人的个性化的统一。德、智、体、美、劳全面发展统一于人的个性化发展。具体来说，人才培养以实现德、智、体、美、劳全面发展为总目标，同时，德、智、体、美、劳全面发展也是对个体素质的整体要求。现代社会要求高校培养多样化的、富有主体精神的人才，虽然高校的办学目标、条件和学生先天的生理基础存在较大差异，但是这些都是人的个性化的基础。所以，对德、智、体、美、劳全面发展与人的个性化的统一予以坚持，对人的发展需要与社会发展需要的辩证统一的实现可谓大有裨益。

第二，坚持科学素养与人文精神的统一。现代人以科学素养与人文精神的统一为基本特征。身为现代人，不仅要有精深的科学素养，更要有高尚的人文精神，而现代高等教育也应以两者为目标。人文精神，指的就是做人的基本态度，主要包括人对自己、他人、社会以及自然的基本态度。一方面，人文精神应当根植于深厚的人文知识之中；另一方面，人文精神也应建立在精深的科学素养之上。科学素养的内涵，既包括掌握自然科学以及人文社会科学的知识、技能，又包括以此为基础，对勇于创造、独立思考、追求真理、实事求是的科学精神进行培育。素质教育的基本要求，就是坚持科学素养与人文精神的统一，这体现了“才”与“人”的有机结合。

第三，专业教育与通识教育的统一。立足新形势，时代既要求当代大学生拓宽专业面，更好地适应社会，又要求当代大学生具有基本综合素质，能够更好地应对未来的巨大挑战。所以，当代高等教育既应当提供以培养能力、技能、专门知识为能力的专业教育，又应当提供以实现人的基本综合素质提升为目的的、不同专业所共同需求的通识教育，最终将当代大学生培养为基本综合素质良好的专门人才。专业教育与通识教育的统一，本质上属于知识能力结构的问题，也是实现科学素养与人文精神的统一、学生综合素质全面提升的基础。

第四，文化选择、创造与文化传递的统一。文化的传递是高校教学的基础，高校教学的主要功能就是在对人类已有的高深学问进行传递的基础上，选择、创造高深学问。其中包括两层含义：第一层，高校传递的是经过精心挑选的以及正在探索中的高深学问；第二层，高校的使命之一，就是对学生识别、选择、创造高深学问的能力进行培育。

### （四）深化拓展教学内容

教学内容是高校教学中最具实质性的内容，是人才培养的知识载体。就其本质而言，它是为了实现教学目标，依据课程内容和教材内容，结合人才培养目标与课程目标组织编排的学科知识或信息。教师将教学内容创造性地呈现出来，有助于推进高校教学改革。①

### 1. 拓宽教学内容范围，促进教材活页化

现代科学技术的迅猛发展加剧了知识和技术的高速增长和更新，如果教学内容仍然停留在十几年前甚至更早期，那么必然会落后于时代发展，不利于创新人才的培养。因此，要实现高校教学改革，就应当更新教学内容，使其体现时代发展特征。教师应融合学科发展的前沿内容，根据时代发展和大纲要求，在尊重教材原有理论知识的前提下，重新分析已有的概念和原理等，合理取舍、组织和加工，赋予其新内涵和新要求。促进教材活页化，需要教师及时收集整理相关的学科前沿知识、最新的科技成果，并将其应用到相应的教学内容中，使教学内容追随甚至引领时代发展，体现出时代特色。教材活页化有利于更新学生的知识结构，激发学生学习的积极性和主动性。这也要求教师不仅要吃透教材的内容，更要具备广博的知识和丰富的实践经验，同时要充分了解教学对象和把握教学艺术，如此才能掌握传授知识和发展能力的要点。

### 2. 淡化学科之间的界限，强调学科综合化

随着科学的不断分化，各科学领域之间相互渗透、交叉和融合，加强跨学科教学成为培养创新型人才所要面临的重要问题。不论是自然科学、人文科学还是社会科学，都不同程度地出现相互整合的趋势，因此创新型人才不仅要求具有高深的专业学科知识，更要具备广博的知识，达到举一反三、触类旁通的境界。因此，加强跨学科教育，能够为社会发展和创新型国家的建设提供创新型人才，更有助于学生个体形成终身学习的能力，以适应未来社会的变化与发展。首先，教师应实现本学科范围内教学内容的综合化，根据学生的能力和水平统筹考虑和安排课程，改造与重组学科知识内部结构，形成纵横交错、彼此相互联系的知识结构；其次，教师应使教学内容突破本学科的知识范围，打破学科间的界限，加强与其他学科之间的联系，帮助学生将各学科知识融会贯通。为此，教师不仅要研究和掌握本学科的教学大纲，还要研究其他相关学科的教学大纲，将相关知识集结成网络融入教学内容，实现教学内容在更高层次上的综合化，不断提高学生运用知识解决实际问题的能力。

---

① 向秋玲. 探讨民办高校教学改革研究[J]. 中文科技期刊数据库（全文版）教育科学，2024（10）：175-178.

# 第二章　高校教学改革与创新的紧迫性

随着社会主义现代化建设步伐的加快，我国高等教育事业蓬勃发展，取得了举世瞩目的成就，为加快经济社会发展、促进各项事业的共同繁荣发展作出了突出的贡献。但是，在新时代人才需求变化、高校教学环境面临挑战、人工智能对高校教学提出挑战等多种因素的影响下，高校教学改革与创新也逐渐呈现出紧迫性。

## 第一节　新时代人才需求的变化

随着科技水平的不断发展以及国内外环境的不断变化，生产力正在发生转变，高质量的发展目标与劳动力市场供求失衡，社会对人才的需求也发生了变化，具体表现在以下几个方面。

### 一、大数据环境下的人才需求趋势

在大数据环境下，人才需求从中高端人才不断向应用型人才过渡。目前，大数据技术处于落地应用的关键阶段，需要大量应用型人才把大数据技术快速落地到广大传统产业当中。早期的大数据技术应用都集中在以技术为主的场景中，包括算法设计、大数据技术开发、搭建大数据技术平台、呈现数据分析结果、可视化等内容。随着大数据技术与传统产业的密切结合，大数据技术将进一步融入具体的产业，因此具备相关产业背景和知识的应用型人才将受到各企业的欢迎。

## 二、国际化环境下的人才需求趋势

随着全球化进程的不断推进，符合国际化需求的人才成为提升国家核心竞争力的重要因素。世界各地的师生、科研、技术人员等高级生产要素之间的流动频繁，其国际化、科研性以及融合度都会对我国的教育和人才结构产生重大影响；特别是“一带一路”倡议的提出与实施，使得对高素质、复合型国际化人才的需求大幅增加。

随着经济社会的发展，我国高等教育的水平不断提高，保证了经济社会对人才数量和能力水平的需求，但高校毕业生能否满足日趋国际化的人才需求，还有待进一步衡量。有研究表明，大学生往往不能很好地满足国际化公司对人才的期望。究其原因，其中之一是因为大学生的就业能力结构存在不足与偏差。

人才需求是就用人单位而言的概念，因此对于国际化人才需求的考量可以从国际化用人单位的需求入手。国际化企业主管看重大学生的全球化视野、外语能力以及在其他社会文化中的生活与工作经验，以便他们能够适应在世界各地的工作。在国际化企业中，广阔的知识面和对多元文化的适应能力远比考试成绩重要。

## 三、乡村振兴环境下的人才需求趋势

### （一）新型职业农民

在乡村振兴战略实施过程中，只有突破人才培育的瓶颈，让更多的农民成为在土地生产方面有能力，在经营上有方法，在精神上有需求的新型职业农民，才能为推动现代化农业建设奠定良好的人才基础。新型职业农民是指以农业为职业，以农业生产经营为主要收入来源，具备相关专业技能并且达到相关水平的农业从业人员。以全职务农、会管理、有文化、善经营、能创业等为基本特征的新型职业农民，可分为专业技能型新型职业农民、生产经营型新型职业农民、社会服务型新型职业农民三种不同的类型。

### （二）专业技术人才

在乡村振兴战略实施的过程中，专业技术人才是决定成败的关键因素。专业技术人才是指通过学习某方面技术知识，具备相应专业技术能力的人员。这些人才能够为乡村产业兴旺、文化振兴及宜居乡村建设提供良好的技术支持。

乡村振兴战略的顺利实施，关键在于破解人才瓶颈。这要求相关部门要把人力资本开发放在首要位置，畅通智力、技术、管理下乡通道，培养更多乡土人才，聚天下英才而用之，通过人才振兴推动产业振兴、文化振兴、生态振兴、组织振兴等各方面的振兴。对此，首先要培养产业职业经纪人、经理人等专业技术人才，实现农民增收渠道的增加，加快城乡融合发展的步伐，推动农村现代化建设；其次要培养非遗传承人、乡村工匠等专业技术人才，充分发挥其在乡村文化创作、研究、传承方面的能力，力求令农民的文化生活更加丰富多彩；最后要培养大量高素质乡村教师、乡村医生等专业技术人才，为农民群众提供更好的教育、医疗服务。

# 第二节　新时代高校教学环境面临的挑战

在互联网时代，互联网的开放性打破了高校与社会之间的防火墙，高校不再是相对独立和保守的“象牙塔”，无法回避来自世界多元文化、主流文化和亚文化的冲击，使校园文化在与多元文化的碰撞、交流与融合中创新发展，又通过网络媒介的传播具有了时代特色。与此同时，网络舆情是一把“双刃剑”，给高校教学带来了有利和不利的因素，使高校教学环境更加复杂。综合上述内容，本节对新时代高校教学环境面临的挑战展开了论述。

## 一、多元文化背景下的高校教学环境

### （一）道德标准模糊化

近年来，多元文化扩散到人类社会生活的多个领域，不免会给学生还没有成熟的思想体系带来一些不良思想和规范误差，可能会导致学生对传统价值观的权威产生怀疑。

在大学阶段，学生恰逢思想极不稳定的阶段，一方面追求新奇别致的事物，另一方面其“三观”还没有定型。学生虽然通过百般方式得到了多个领域的内容，但这些内容泥沙俱下，如果被他们所吸收，就会成为一种恶性阅历，继而演变为学生进行判断和选择的一种凭证。倘若学生没有顽强的抵抗力，持续地接受外部有害内容，甚至有可能触碰道德准则的红线。这种道德模糊还表现在学生的学习行为上，如一些文化媒介平台提供大量短、平、快的信息，导致学生在接收信息时不加分辨，惰于思考，一味地收集和堆积各种数据，不做任何阐释，使得学生没有得到真正的知识自由，反而使其价值观出现混乱和迷失。这种道德模糊正反映了学生应对新生潮流的力不从心。在此境况下，需要从问题的根源上解决问题，即将大量的社会主义核心价值观的内容融入学生的心脑。

## （二）理想信念世俗化

学生追求独立自主，其善于独处的理智能力符合社会发展的节奏要求，给了学生展现发明创造能力的机会，但也有一些学生集体观念不强、理想信念世俗化。

价值选择动态决定着人们的观念和举止。大众传媒作为多元文化的传播工具之一，其展现的迎合性、欢快性、浅近性、市场性能使人们通过简单操作就可以获得轻松愉悦的体验，但重形式轻实质、重欢快轻庄重、重市场轻人文的媒介设置会变本加厉地污染学生成长的社会环境，导致部分学生以外在的虚名、虚荣为人生的信条，其价值观向利益、坐享其成、权力等偏移。这种过于现实的指导思想和行为准则都是由于一些文化通过在学生生活中的处处渗透，使学生最终形成了稳固的认知素养。这种意识形态自然是与奉献精神和以集体利益为原则的价值观相悖的。理想信念的世俗化，是一种缺乏使命、漠视责任的表现，与国家对于人才的期望大相径庭。

## （三）感情日益平面化

多元文化价值取向的多样化，会不可避免地导致价值观的无序与冲突。价值观冲突涉及每个人的生活，尤其是对于学生而言，他们更容易对这种无序与冲突表现出无奈、迷惘的感叹和疑惑。这种情感体验是多元文化的包容性过于宽广导致的。这种宽广不仅体现在不同事物的横向范围，还体现在同一件事物的纵向跨度，即学生无法用自己的传统价值尺度界定现实的事物。这是因为在当下自由的文化环境中，没有人可以用绝对权威的说法为某件事物划定界限。学生失去了可参照的标准，就容易对周围充斥的各类信息缺乏反思和评价，使其思想和行为逐渐平面化。

科学技术的不断探索更新，为学生应用各种媒介提供了载体，使得有形有色的图像吸引了大学生的眼球，声色俱备的内容成为学生的首选。对生动体验的追逐让一些学生重视浅在其表的领悟体会，轻视了实质性的内涵，使其审美认知显现感性化特点。它会一点点地销蚀学生对世界、人类社会、真谛、公理、道德、奉献、人格、意义等概念的深入研究和思量，导致学生的思考维度发生偏颇，变得平面化。在价值选择上，部分学生尽量避免与社会标准规章产生强烈分歧，采取与社会要求相一致的价值选择，并不是将对社会的服务作为自己的价值选择，也不是彻底拒绝参考市场的导向，完全以自我选择来认定价值取向，而是综合考虑两方面的因素，加以联合考虑。这种“不偏不倚”的价值选择实际上是感情平面化的另一种表现，揭示了一类该当引发社会重视的过分宽容的消沉判断。

总体而言，多元文化在全球范围内正在消解“一体”理念，淡化国家认同观念，使“一体”理念发生从文化领域、经济领域到政治领域的量变，最终实现以全球政治与经济为基础的国家认同观念的淡化与分解。

## 二、网络舆情环境下的高校教学环境

网络舆情是社会舆论的一种表现形式，是一种以网络传播为载体，对现实生活中人们关注的热点问题有较强的倾向性和影响力的一种言论。在新媒体、自媒体和融媒体迅猛发展，网络和媒体平台对公众的吸引能力日益加强的条件下，网络舆情一般以社交平台、客户端、论坛为传播途径，利用手机、平板和电脑等通信设备，针对一些热点事件表达观点、阐述意见。

在互联网和新媒体出现之前，民众对相关事件的看法和意见都存在于现实社会，通过口头交流在一定范围内进行传播，具有较强的不确定性。如果想要得知舆情的真相，就需要进行实地调查，而这项工作需要耗费大量的物力、人力成本。随着信息技术的不断发展，公众可以通过各种互联网平台发表自己的意见，对于事件的观点和看法进行交流，随时随地获取最新的消息。在信息技术的支持下，学生在网络媒体上获取信息的成本变得更低，速度变得更快，使其能够快速、方便地掌握更多信息。但是，网络信息存在隐蔽性、虚假性，网络舆情瞬息万变，对高校教学造成了很大的影响。

### （一）网络舆情对高校教学环境的积极影响

网络在高校教学过程中充当着工具和手段的角色，网络舆情的出现有其必然性和合理性，会对高校教学的主体、手段、功能和资源带来一定程度上的积极影响。

#### 1. 实现教学主体多元化，推动全员育人

网络舆情可以扩大教学主体范围，助力高校全员育人。在网络舆情发展过程中，参与主体主要有网民、网络媒体、专家学者、政府和社会组织这五大类，因而其能够推动专业社会组织、公共服务机构等社会资源支持和参与高校教学，共同担负学生成长成才的责任。如此一来，教学主体不再局限于校内教师，在一定程度上减轻了教师的压力，弥补了教师的缺口。

#### 2. 凸显主流价值，发挥引领功能

网络舆情能凸显主流价值、起到引领作用，主要体现在突发事件网络舆情中政府和相关组织、个人的作为中。由突发事件引起的网络舆情会激化社会矛盾，冲击社会主义核心价值观，影响社会的和谐稳定和群众安全。政府、相关组织及个人在突发事件中的积极作为，将能够在网络上唱响主旋律，让网络舆情充满正能量，从而帮助教师稳定学生的情绪，让教学功能得以更好地发挥。

#### 3. 丰富教学资源，提升教学成效

开放又互动的网络舆情中裹挟着大量的信息资源，为高校教学带来了丰富的资源。在2023年的网络舆情事件中，引发网络热议的有教育文化类、科技类、法治类、社会类等事件。这些事件都与高校教学内容有很强的关联性。教师在课堂上可将其与教材中的理论知识串联起来，通过这些现实的网络舆情信息为理论知识增加论据，还可以用理论知识来对当下出现的负面网络舆情进行分析和批驳，以提高大学生对教学内容的认同感。同时，教师也可借助官方舆论和民间舆论的呼声，准确把握网络舆情走向，借势传播社会主义核心价值观和先进文化，为大学生营造健康向上的网络舆情氛围，取得“润物细无声”的教学效果。

#### 4. 强化主体意识，提升学生的主体地位

网络是一个虚拟世界，充斥着虚拟的人物、虚拟的姓名和住址。在虚拟的世界中，面对当下发生的热点事件和社会新闻，学生能够畅所欲言，表达自己的看法和情绪。如此一来，学生的主体意识就会显著增强，进而有助于提升高

校教学的实效性。以往教师习惯照本宣科，将书中的内容传授给学生，然后就某一重点列举实例。这种枯燥无味的教学方式会引起部分学生的反感，导致教学效果不佳。在网络舆论的视域下，不仅传统的教学方式发生了改变，还能增强师生之间的互动交流。因为在互联网下，教师和学生都能及时掌握大量有效的信息，通过学习平台或在课堂上进行讨论，既调动了学生的积极性，建立了和谐友好的师生关系，又能增强高校教学的实效性。

### （二）网络舆情对高校教学的消极影响

当然，网络舆情也会对高校教学产生一定程度的消极影响。网络舆情本身所包含的主体多元，且涉及的内容庞杂，其中不乏一些消极、负面的价值取向。这些消极因素容易激发学生的负面情绪，引发群体极化现象，甚至改变学生对社会的基本态度和看法，从而对高校教学提出挑战。

#### 1. 侵蚀教学环境，弱化教学影响力

网络舆情侵蚀高校教学环境，弱化教学影响力是舆情反转导致的结果。网络舆情反转即随着报道的不断深入，事件的真相被更加客观、全面地呈现，媒体最初报道的网络舆情事件向相反方向转变，网络受众的立场也随之逆转，网络舆情表现出与之前截然不同的现象。

网络舆情反转严重影响学生的价值判断和价值选择，从而弱化了高校教学效果。当前，网络舆情环境越来越复杂，真相与非真相的界定模糊难辨。在这样的舆论环境下，学生对舆论的思考能力被弱化，很容易让他们断章取义，产生错误的认知，从而使高校教学的影响力得不到有效发挥。

#### 2. 加大教学难度，阻碍教学工作的开展

对网络舆情而言，复杂的舆情信息和错误的引导会使公众的态度和意见偏离社会主义核心价值观，导致网络舆情与高校教学之间的互动是被动的、消极的，从而给高校教学增加了难度，阻碍着高校教学工作的正常进行。一方面，网络舆情加剧了学生某种程度的情绪波动和行为失范，增加了高校教学工作的难点。另一方面，网络舆情的不利引导，也容易造成学生思想矛盾。

#### 3. 冲击教学内容，影响价值认同

在如今的网络社会，网络舆情所传递的信息量是传统媒介所无法比拟的。其中有来自四面八方的信息，既有健康、积极的信息，也不乏落后、腐朽的信息。总之，各种信息和思想观念杂糅在一起，时刻作用于学生的感官，侵蚀着

他们的心理环境。一些有害信息影响着广大网络受众，尤其是正处于价值观形成阶段的学生群体。

学生经常游走于各种各样的网站，网站中新奇有趣、生动活泼的信息，与高校教学所传递的理论性、学术性的内容相比，深受学生的青睐，这就在无形中降低了高校教学内容的吸引力，影响了学生对我国社会主义核心价值观的认同。

## 第三节　人工智能对高校教学的挑战

在智能时代，人才发展受到巨大的冲击，高校教学不仅面临升级的机遇，也面临着各种挑战。高校教学受到人工智能技术（Artificial Intelligence，AI）的冲击而发生了变革，教师、学生、教学工具、教学组织都将作为变革的参与方而受到影响，共同推动高校教学的重构。

### 一、对大学生培养模式的冲击

智能时代的到来对高校教学的影响显而易见。智能校园、智能课堂、在线课堂、人工智能实验室、电子书包以及个性化电子辅导等的不断出现，已使如今的高校教学发生很大改变。如智能手机的使用，给学生学习带来了便利，但也给课堂管理带来了一定挑战。因此，学习模式和教学管理模式都需要进行相应的改变，以适应新时代新需求。

#### （一）促进教育重心转移

首先，在智能时代，教育体系中受到最大冲击的是技能教育。技能教育的内容大多是人工智能技术驱使的机器人可以学习和掌握的，包括计算机视觉、机器学习、自然语言处理、机器人和语音识别等，而且机器人对这些技术的实现比人类本身更为精准。其次是知识教育。在目前的教育体制下，高校普遍以传授知识为主，而对学生思维的训练考虑得相对较少，相关的考试也是以测试学生对各门学科知识点的掌握程度为主。在智能时代，知识存储、知识传播、教学方法与手段等都可能会发生变化。在这种趋势下，知识教育的知识传授工作很可能会被机器人取代。因此，在智能时代，教育重心会由当前的知识教育和技能教育向以个性化的思维训练为主等方向偏移。

### （二）推动教育回归人的本真

人工智能技术的发展可以使大学生的学习变得越来越轻松，常规的知识技能的传授无需再耗费教师太多的精力，教师可以更多地将教育重心转移到人工智能技术不能进入的人的精神世界和情感世界中来。因此，智能时代的教育将更加关注人，尤其是关注人的精神世界和情感交流。在教育过程中，大学生最重要的不是掌握多少知识和技能，而是要不断充实其精神世界；相应地，教师最重要的任务也不是传授给大学生知识和技能，而是要关注大学生的精神需求，重视其创新性的培养，利用各种创新型的思维训练方法提升大学生的创新素质。

### （三）推动教育行业从慢反馈走向快反馈

人工智能技术的发展推动了在线教育这一新兴教育模式的诞生。如今，在线教育行业呈现爆发式增长，而这种教育模式与传统的教育模式完全不同。在传统的教育模式下，从教到学，再从练到考，其中每一个环节都要经过相对漫长的过程才能实现。但是，在人工智能技术的支持下，智能时代的新型教育模式能及时快速地响应教育需求，显示教育成效，呈现快速反馈特征。

## 二、对教育系统内主体的影响

教师和学生是教育系统内的两大主体，随着人工智能技术的发展，教师的教学模式和学生的学习模式都会受到影响，从而发生改变。教育工具和教育机构作为一种连接教师和学生的介质性主体，所受到的影响也是显而易见的。

### （一）适应智能化学习模式

传统教育模式往往强调学生对具体学科知识的掌握，是面向过去的，学生的学习过程主要是在以教师为中心的教学过程中完成，是标准化和规模化的学习。在智能时代，学生的学习旨在发现自己、成为自己，因此充分体现了个性化。云计算、大数据、人工智能等智能技术的发展为学生自主学习的实现提供了可能。智能技术的应用使得学生的学习更为自主化、个性化，学习模式逐渐演变为以学生为中心的智能化模式。智能时代的学生是随着智能技术发展而成长起来的人，他们对于学习的主动权有更多的需求。在此背景下，网络和智能终端等也不只是单纯的技术，而是学生学习和生活的一部分，使学生对学习空间和时间的选择更自由，使学习不再局限于传统的、固定的课堂学习，而是可以整合各类正式学习、非正式学习、混合学习和远程学习，提升学习效果。为加快实现学生的个性化、自主化学习，需要构建未来学习环境和实施未来教学。从教育本身来看，在智能时代更便于“因材施教”。人工智能技术通过对宏观教育数据的挖掘和学生学习行为的分析，能够让学生的学习更有针对性。例如，可以根据学生的心理、生理以及目前的知识水平和能力，设计不同的学习内容，让学生自行选择合适的学习内容、学习时间并根据反馈调整学习，甚至可以通过情感识别帮助学生改进学习体验，根据学生的情感状态来定制个性化的学习材料。实验研究表明，应用情感识别技术学习的学生，比不用情感识别技术学习的学生成绩高出91%。当前亟须解决的核心关键问题主要包括：一是构建可计算的教育情境；二是深度解析未来的学习主体；三是实现可定制的学习服务。具体来说，就是要解决教育场景边缘的计算问题，解析数字化环境下的学习机理，进行数据驱动下的学生建模与分析，构建人机交互的新型学习环境，实现学习数据的感知和融合，实现个性化、精准化服务和智能导学等关键理论与技术问题。

### （二）转变既有的教学模式

随着学生学习模式的转变，教师的教学模式也将发生改变。教师从处于中心地位的教授者变为学生学习的指导者和陪伴者等，人工智能助教开始作为一种特殊的群体加入教师队伍。未来的教学模式是在人类教师与人工智能助教协作共存的情景下完成的。人类教师与人工智能助教各自发挥优势，协同实现个性化的教育、包容的教育、公平的教育和终生的教育，从而促进学生的全面发展。未来的教师需要充分认识学生学习模式的转变并很好地适应其变化。智能时代的教育，教授知识不再是教师最主要的责任，更重要的是要做学生的人生导师，帮助其训练创新思维，发现自身优点，实现人生价值。也就是说，教师的工作要以“育人”为重，从面向知识和技能的教学转向面向心理、思维、文化、责任等核心素养的培养，关注学生的创新能力、协作能力、知识运用能力等。

### （三）教育载体的颠覆性变化

教育机构作为教育载体，在智能时代可能会发生颠覆性的变化。以高校为主的传统高等教育机构，可能会被新型的智能化教育平台所颠覆，这一平台能够通过提供更便捷的学习方式、更丰富的教育资源、更有效的教学方法等，使得优质教育资源实现全球共享。正如如今的互联网大学通过以互联网教学为主、线上线下结合的混合式教学模式，通过各种学历教育和非学历教育项目，提供来自全球的优质教育服务，促进教育资源的共享和教育公平。

传统高等教育资源的供给方式以信息网、校园网、多媒体教学为主，信息技术作为开展教学活动的辅助工具和有益补充，停留在为教学活动、科研活动、实践活动提供形态支持的层面，信息平台与教学内容尚未充分有机结合。随着互联网技术及智能技术的不断成熟，教学内容与信息平台得到了极大的丰富。一方面，网络化生态环境成为高等教育依赖的载体，高等教育需要借助新媒体平台提高吸引力和感染力；另一方面，互联网与智能技术在高等教育中的价值日益凸显，智能技术成为高等教育的一项重要内容。智能化平台和高等教育内容的紧密衔接，促使教育资源的供给方式实现内容的升级与结构的优化。智能时代的高等教育机构不是智能化和高等教育的简单相加，而是智能化为高等教育提供形式和平台，高等教育为智能化提供内涵和视域。

### （四）教学工具的渐进性过渡

教学工具作为知识载体，正在由传统的书本载体向画面、声音、影像等更加具体化的载体过渡，并向以虚拟现实场景呈现实地、实物面貌的智能化模式转变。随着标签技术的进步和海量数据的支撑，人工智能技术被广泛应用于自适应学习。自适应题库系统、自适应课程系统、分级阅读系统构成了自适应学习的主要产品模式。同时，智能时代的高等教育机构在治理模式上也将更多地基于大数据和智能技术。其中，最重要的即教学评价标准得以重塑。利用人工智能技术的学情分析和学习诊断，能够精准评估教学和学习效果，使评价标准由原来结果导向的单一评价标准向综合性、过程性的多维度评价标准转变，由仅注重知识传授向更加注重能力素质培养转变。

## 三、对教育链条的变革

一般来说，教育链条主要由教育内容提供商、教育辅助技术开发商、教育机构或平台等构建。教育内容提供商主要是指音像图书出版社、学校、在线学习平台等；教育辅助技术开发商主要是指进行教辅工具或系统等教育辅助产品研发的企业或机构等；教育机构或平台则主要是指各类学校或教育培训机构等。

在智能时代，教育链条中各要素的关系及结构等被重构，具体表现如下。

第一，重构基于情感的师生关系。虽然智能技术的应用能够替代现代教育中的很多技能传授类的教育行为，但智能技术始终无法代替人，师生之间的情感交流仍是未来教育的重要部分。

第二，重构基于智慧传授的教育模式，使教育本源中“育人”的价值得到进一步体现，育人功能更为凸显。

第三，重构基于需求的平等教育场景。在智能时代，教育信息的透明性使得教育资源不平等的鸿沟被拉平，个性化的教育模式可以满足不同群体的教育需求，实现按需分配的共享教育。

第四，重构基于多项权力互动的高校治理结构。在智能时代，当前的计划性教育思维、课程管理模式及政府与高校的关系均会发生改变。人工智能技术的引入，将使高校治理结构更为智能，更能适应智能时代的新型教育模式。

随着“人工智能+教育”的不断推进，其产业链逐渐呈现出融合之势，出现了一批教育应用综合企业，如科大讯飞、全通科技等。这些企业集教育资源与内容提供、技术开发、平台运营于一体，而且与高校、出版社等展开了合作，自主开发教学资源，利用自身技术优势搭建教育服务平台，为用户提供智能教育产品或服务。因此，智能时代的教育产业不再是单一的教与学的线性链条结构，而是以一个个散点式的综合体构成的网络状结构。在综合体内部，教育业务呈现出从课程选择到课程学习，再到考核与测试，最后到课题复习，再反馈到课程选择的自循环的闭合式链条结构。

## 四、对课程设置的重构

在智能时代，就业方面会产生四个变化：一是机器替代人。智能生产机器人在工业领域中的应用和发展将会对生产工艺、生产流程以及效率产生影响，同时必然会导致一批一线生产工人被挤出劳动市场。二是劳动者的知识更新。替代作用的存在会诱发激励作用，生产方式的改变往往需要全新的配套系统。在大量基础性工作被替代的同时，未被淘汰的劳动力将被迫提升与人工智能技术协同工作的能力。在人工智能技术发展不足的部分领域，将会存在以人工为主、以机器为辅的工作模式。三是就业结构与产业结构的协同。人工智能技术应用于国民经济，带来了产业结构的深刻改革。对于劳动者来说，智能社会下工作的不稳定性增强，企业裁员和招新的频率上升，就业和再就业成为常态。

对于劳动者来说，应对这种变化的根本方法是改变和提升自己的知识结构，接受高等教育和再教育。在此背景下，智能时代的高等教育课程设置就显得至关重要，如何设置更适合人类的课程，并且让学生在复杂的竞争环境中长期占据领先地位，是对高等教育提出的重要挑战。另外，如何面向机器这一新的劳动群体设立课程，也是高校和科研院所需要考虑的重要问题。因为在智能社会，人依然是机器的主宰，对机器的教育和引导是这种控制力的外在表现。让智能机器人更好地识别问题，更精准地解决问题，都需要人对智能机器人进行引导和教育，包括丰富智能机器人知识库，优化机器人回答话术，帮助机器人不断学习提升精准服务的能力，让机器人服务更加人性化，从而提升用户体验。

## 五、对高等教育机构的软硬件提出更高要求

人工智能技术的迅猛发展对高等教育机构的软硬件设施提出了更为严格和全面的要求。在硬件方面，随着人工智能技术在教育领域的应用日益广泛，高等教育机构需要配备高性能的计算机和服务器来支持复杂的算法运算和大数据分析。这些设备不仅要具备强大的计算能力，而且需要具备高度的稳定性和安全性，以确保人工智能系统的稳定运行和数据的安全存储。同时，为了适应教学和实践的需要，高等教育机构还需要建设智能化的实验室和实训基地，配备先进的传感器、机器人、虚拟现实等设备，为学生提供更加真实、直观的学习体验。

在软件方面，高等教育机构需要不断更新和完善教学管理系统，以更好地适应智能时代的教学需求，包括开发智能化的课程推荐系统、学习进度跟踪系统以及教学效果评估系统等。这些系统能够基于学生的学习行为和成绩数据，为他们提供个性化的学习建议和反馈，此外，高校还需要加强人工智能相关软件的开发和应用，如自然语言处理、图像识别等领域的专业软件，以支持学生的专业学习和实践。同时，为了培养具有人工智能素养的复合型人才，高校还需要加强跨学科的教学资源整合，开发融合人工智能技术的跨学科课程，为学生提供更加全面、系统的知识体系。

# 第三章 高校教学方法的改革与创新

教学方法是指教师为了达到教学目标、完成教学任务而采用的开展教学活动的方式、途径和手段。教学方法的改革是高校教学改革的直接体现。以拔尖创新人才为培养目标的教学方法，应当综合考虑高校人才培养目标、高校教学内容的前沿性和不确定性以及高校教学活动的特点等因素，注重对学生的自学能力、研究能力、实践能力、合作精神和创新精神等方面的培养。因此，高校教学方法的改革与创新，既要反映高校教学方法的一般要求和本质，又要体现高等教育的特点。教师在教学时，要依据教学内容，选择能够增强学生的学习积极性和主动性、活跃学生思维、提升学习品质的教学方法，坚持教学方法的灵活性和多样性，而不拘泥于某种单一的教学方法。

## 第一节 高校教学方法改革与创新的必要性

教育研究表明，在教育发展过程中，一种新理论的提出，一个新成果的取得，无不与教学方法的改革与创新密切相关。常言道，过河在于搭桥，任务的完成在于方法。高校教学方法的改革与创新是决定高校教学改革与创新成败的关键，是深化高校教学改革与创新，培养拔尖创新人才的核心。只有充分认识到教学方法在高校教学中的重要地位，意识到开展高校教学方法改革与创新的必要性和紧迫性，才能增强自觉性和创造性，加快高校教学方法改革与创新的步伐，从而更进一步促进高校教学改革与创新向纵深发展。

## 一、知识经济的发展呼唤高校对教学方法进行改革与创新

随着科学技术的突飞猛进，人类已跃上了工业经济时代最辉煌的巅峰，逐渐进入了一个建立在知识与信息的生产、分配、使用和消费之上的知识经济时代。在知识经济社会里，知识的创新和应用比人类历史上以往任何时候都更加重要，劳动者与知识的结合程度更加紧密，知识型的劳动者将成为推动知识经济发展的主导力量，劳动者的科学文化素质和创新能力日益成为当今和未来我国国际竞争力提升的重要因素。因此，加快拔尖创新人才的培养，是我国迎接知识经济的挑战，在激烈的国际竞争中求得生存和发展的唯一出路。

在知识经济时代，拔尖创新人才将成为社会和经济发展的主要动力，谁拥有了更多的拔尖创新人才，谁就占领了国际市场的制高点。拔尖创新人才的培养离不开教育，尤其是高等教育。高校是拔尖创新人才培养的基地，是知识创新、科技创新的重要力量。今天的大学生是在未来投身于创新型国家建设的强大生力军，如果他们缺乏创造性思维，缺乏产生新认识、创造新事物、勇于开拓进取的创新精神和能力，就会在很大程度上影响其作用的充分发挥。高速度是知识经济时代的最大特点，在知识经济时代知识量呈指数级增加。据统计，从20世纪90年代以来，世界上平均每5分钟就有一项新发明。一些专家认为，全世界的知识每5年更新一次，学得再快，也没有知识的更新速度快，没有时代发展变化快。可是，我国目前培养出的许多大学生，其知识结构简单、知识面狭窄，知识的再生成能力和创新能力相当缺乏，在毕业后很难适应快速变化的岗位需要。过去说要给学生一杯水，教师要有一桶水，而现在要求教师要有一池水，并且是活水。因此，那种只传授理论知识和只想教学生一技之长的传统教学方法，已不能满足知识经济时代的需要。教师必须对传统的教学方法进行改革与创新，并不断充实和更新自己的知识。

## 二、构建学习型社会和创新型国家要求高校对教学方法进行改革与创新

终身学习的核心内容之一是“学会学习”，即掌握学习的方法与技巧，达

到举一反三、学一知百甚至是“学是为了不学”的目的。也就是说，终身学习理念要求高校不仅要教会学生知识，更重要的是教会学生获取知识的方法，即只有让学生学会捕鱼，学生才能得到食之不尽的鱼。然而，在当今时代，由于科技的飞速发展，经济结构、社会结构也发生了快速调整，一个人在一生中可能要更换多种工作，从而需要多次更换知识结构。如果没有学会学习，则不能进行相应的自我培训和知识更新，从而也就不能自如地应对不可预知的岗位调整。另外，在信息化的今天，由于知识的“半衰期”缩短，在大学阶段获得的知识只占一生所用知识的10%左右，而其余90%的知识都要在工作或生活中不断获取。而且，在学校学习的知识会很快地过时。因此，要想让学生跟上时代发展的步伐，最根本的是教给学生学习的方法。只有学会学习才能终身学习，只有终身学习才能不断更新知识、获取新的信息，从而不断调整和优化自己的知识结构，以适应社会的需要。

我国高校运用传统的灌输式教学方法所培养出的人才，虽然具有相当丰富的知识，但可塑性差。也就是说，他们还没有学会怎样学习、怎样激活和灵活运用已有的知识。因此，我们必须不断推进高校教学方法的改革与创新，以使终身学习理念得到更好的贯彻。只有改革与创新高校教学方法，才能培养出具有终身学习能力的学生，为构建学习型社会作出贡献。

建设创新型国家，需要培养大批复合型、创新型人才。培养这样的人才，只重视传授知识是不够的，更重要的是培养独立思考的能力、运用知识解决问题的能力，使其形成能够总结新经验、发展新理论的科学的思想方法。因此，高校教师要敢于冲破陈腐的教育思想和教学方法，把国外的高校教学方法改革与创新理论和我国的国情相联系，探索出适应拔尖创新人才培养需要的新的教学方法。

## 三、高等教育大众化期盼高校对教学方法进行改革与创新

按照美国著名教育社会学家、加利福尼亚大学伯克利分校公共政策研究生院教授马丁·特罗（Martin Trow）博士的观点，高等教育大众化通常是指一个国家接受高等教育的人口总数占全国适龄人口总数的15%及以上，这也是国际高等教育发展的趋势。随着招生人数的剧增，高校在校学生的人数显著上升，导致原有的教学设施、实验设备、图书资料以及师资力量等教学资源显得相对不足；各高校生源的素质差距明显增加，甚至同一所高校的生源素质也参差不齐。此外，知识的激增、信息化的加速以及创新的时代理念带来了高校教学内

容的变化和学习型社会的趋近，对高校教学方法提出了新的要求。

我们既要站在世界的高度，展望未来世界的发展趋势和我国对人才培养提出的新要求，又要从我国的实际出发，研究当前高校教学方法不适应客观需要的地方，借鉴国内外教学方法改革与创新的理论和实践经验，找出适应社会主义现代化建设发展需要的新的高校教学方法，以满足学生的多样化、个性化的发展需求。

## 第二节 高校教学方法改革与创新的指导思想和基本走向

高校教学方法的改革与创新，是为了促进高校教学过程的整体优化，以期高效地达成高校教学目标。高校教学方法的改革与创新，要建立在理论与实践相结合的基础上，它既需要遵循高校教学的一般规律和基本原则，符合学生的身心发展特点和个性特长，又要表现出语言表达的艺术性、师生交流的互动性以及高校教学方法运用的灵活性和创造性。因此，教师在高校教学方法改革与创新的过程中，必须注意遵循以下指导思想和基本要求。

### 一、高校教学方法改革与创新的指导思想

高校教学方法改革与创新的指导思想是指人们在高校教学方法改革与创新的过程中，直接或间接形成的对高校教学方法的认识或看法，是指导高校教学方法改革与创新的理论依据。具体而言，高校教学方法改革与创新的指导思想包括以下几个方面。

#### （一）适应学生身心发展需要

高校教学方法的改革与创新既要与学生的身心发展水平相适应，又要具有一定的超前性。只有这样才有利于学生学习独立性的增强，促使学生的身心向更高阶段发展。尽管个体的辩证逻辑思维在初中阶段已开始出现，但辩证逻辑思维更完善的发展要到大学阶段才能出现。因此，在高校教学方法改革与创新中，教师应充分考虑学生现有的思维能力和身心发展特点，这样才能达到预期的高校教学目的。

高校学生的年龄一般在18～22岁，他们的生理结构及机能都达到了最高的发展阶段，但还存在明显的差异性。一些刚入校学生的学习方法还难以完全适应高校的学习要求，思考问题容易偏激、片面，在运用辩证逻辑解决问题方面也还有一定困难。除此之外，有不少学生在自我意识、自我调节方面的自觉性和稳定性不是很好，在学习上对教师的依赖性较强，自主学习能力较差。对此，高校应针对不同学生的差异因材施教，进一步培养学生的辩证逻辑思维能力，努力提高学生的专业理论水平和自主学习能力，并使学生的心理向更成熟的方向发展。高校学生已具有从事复杂的思维活动、独立学习比较高深的理论和比较复杂的技术的身心基础，因此高校教学方法改革与创新的重点应在于引导、点拨、启发大学生独立自主地获取知识、运用知识和创新知识。

### （二）促进师生互动和教学相长

促进师生互动和教学相长的指导思想强调，在高校教学的过程中，教师与学生的关系不应是单向的知识传授与接收的关系，而是一种动态的、相互影响的合作关系。通过鼓励师生之间的积极互动，不仅能够激发学生的学习兴趣和主动性，而且能使教师在与学生的交流中不断获取反馈，进而调整和完善教学方法。这种双向的互动模式，不仅促进了学生知识的吸收与能力的提升，而且为教师的专业成长和高校教学改革与创新提供了源源不断的动力。因此，高校教学方法的改革与创新，应始终将促进师生互动与教学相长作为核心指导思想，旨在构建一个更加开放、包容且充满活力的高校教学环境，以培养出更多具备创新精神和实践能力的拔尖创新人才。

### （三）激发大学生学习兴趣和体现大学生主体作用

在高校教学方法改革与创新的指导思想中，激发学生的学习兴趣并充分体现学生的主体作用占据着举足轻重的地位。这一指导思想倡导，在高校教学实践中，应彻底摒弃传统的填鸭式教学，转而采用更加灵活多样、富有启发性的教学方法，以激发学生的内在学习动力，使他们对知识产生浓厚的兴趣和强烈的求知欲。同时，强调学生的主体作用，意味着在高校教学活动中，学生不再是被动接受知识的容器，而是成为积极主动的参与者、探索者和创造者。教师应积极创造条件，鼓励学生独立思考、自主探索和合作交流，让他们在解决问题的过程中锻炼思维、提升能力，从而真正实现从“学会”到“会学”的转变。因此，高校教学方法的改革与创新，应始终致力于激发学生的学习兴趣，确保学生在教学过程中发挥主体作用，从而培养具有创新思维和实践能力的拔尖创新人才。

## 二、高校教学方法改革与创新的基本走向

### （一）变教会知识为教会学习

重视知识传授，忽视能力培养和素质养成，是传统高校教学存在的一个突出问题。在这种高校教学中，教学方法的主要功能在于知识的传递和灌输，忽视了对学生进行方法论的教育与能力的训练。在当今时代，科技发展日新月异，知识经济已见端倪。在此背景下，学生不可能也不必要完全通过教师的课堂讲授来获得知识，也可以通过自学来掌握知识。这就要求学生掌握学习的方法，善于学习。因此，重视学生自学的重要性、培养学生的自学能力成为当前各国高校教学方法改革与创新的主要方向之一。联合国教育发展委员会前主席埃德加·富尔（Edgar Faure）在《学会生存——教育世界的今天和明天》一书中指出："自学，尤其是帮助下的自学，在任何教育体系中，都具有无可替代的价值。"在知识经济社会，知识的存量大，知识的增长和更新迅速，一个人能否自立，事业能否有所成就，主要取决于其是否具有强烈的求知欲和不断发展自己、完善自己的能力。因此，高校必须使学生学会学习，为其毕业后的终身学习打下坚实的基础。

随着教学理论的发展，以及学生在教学中地位的变化，人们越来越认识到教学方法应该与学习方法相结合。陶行知早就提出"教"要以"学"为基础，"学"应是"教"的目的；叶圣陶更是提出了"教是为了不教"，杜威（Dewey）也把"教"的目的看作"不教"。所以，高校教学方法所蕴含的并不只是教师的教学，还蕴含着学生的学习。要教会学生学习，就要通过教学，使学生不仅能掌握系统的知识，而且能获得独立地学习与更新知识的方法与能力，达到让学生"会学"的目的。要培养学生的学习能力，除教师必须主动地对学生进行指导外，还有很重要的一点是要让学生善于动脑和动手，在实践中提高能力。现在有一种流行的学习模式叫主动式学习，主张在实践中学习，认为"听会忘记，看能记住，做才学会"。"教"的目的是"学"，"教"的关键和基础也在于"学"，因此高校教学方法改革与创新要变教会知识为教会学习。

### （二）变注入式为启发式

几千年来，在高校占统治地位的教学方法都是注入式教学。按著名教育家

蔡元培的解释，就是“把学生当作无机物处置，牢守几本教科书，像注水入瓶一样，充满了就完了”。这种教学方法无视大学生的实际情况，全凭教师主观臆断决定一切，用强制的办法迫使学生呆读死记，其结果必然是限制了学生的独立思考，扼杀了学生的创造才能。因此，在高校教学方法改革与创新的过程中，尤其要注意废止注入式教学，实行启发式教学。

对于启发式教学，现在和过去有着不同的看法。启发式教学并不是一种具体的教学方法，而是教学方法的原则和指导思想。启发式教学必须充分体现“三个有利于”的原则，即有利于加强对学生的自学能力、独立分析问题和解决问题能力的培养，有利于学生创新思维和创新能力的培养，有利于学生个性和才能的全面发展。正是基于这种要求，启发式教学应有如下特点。

1. 始终把学生作为学习的主体

因为创新是主体自身主动实现的结果，主体意识是创新的前提。在高校教学过程中，教师要注重培养学生的主体意识，以学生的思维活动为主体，以学生的认识过程为主体，大胆倡导民主的教学氛围，彻底改变教师“一言堂”“唱独角戏”的局面，鼓励学生大胆质疑，使学生善于发现问题、提出问题，勇于表达自己的见解，提高学生解决问题的能力。

2. 教师必须充分发挥主导作用

教师要“导而弗牵，强而弗抑”，运用各种教学手段，充分调动学生学习的主动性与创造性；要教会学生思考，教会学生研究，还要让学生参与教学过程，给学生提供“讲”与“练”的条件。

3. 培养与发展学生的智力

学生在获取知识的同时，他们的智力因素和非智力因素都能得到发展。掌握知识的过程，也是注意力、观察力、记忆力、思维能力和想象力的发展过程，更是良好的动机、兴趣、情感、意志和性格得到培养的过程，对创新精神和实践能力的发展具有动力作用和强化作用。

启发式教学，不仅能使学生很好地掌握知识，而且能使学生的思维得到训练，能力得到培养。启发式教学的核心是启发，包括联想启发、回归启发、激疑启发、潜隐启发、案例启发、类比启发、模拟启发等。通过这种方法启发学生，能使之更好地掌握知识、获得能力、提高素质。这种启发式教学，绝非单纯地指外在的表现形式，主要还是表现在内容本质的关联上。它体现在“教”与“学”之间积极思维的共鸣程度，体现为教师主导作用和学生主体作用的和谐统一。这应该是检测启发式教学的根本尺度。

### （三）变“满堂灌”为“少而精”

我国高校教学受传统的“仓库理论”的影响，仍停留在知识的传授而不是能力的培养上。教师视学生为“容器”，过分注重知识的传承与灌输，否则就会认为学生没有学到知识。教师就是习惯于讲，习惯于灌输，习惯于注入，习惯于“一言堂”。教师讲学生听，教师写学生记，积重难返，很难改变。这种“满堂灌”教学方式只顾一味地灌输知识，抓不住重点和难点，也漠视了学生学习的主动性，导致学生的学习索然无味，教学效果自然不够理想。因此，高校教学方法必须由“满堂灌”转向“少而精”。

“少而精”是指教师在教学过程中要处理好数量与质量的关系。当代科学技术发展日新月异，知识总量急剧增加，对高校教学提出了严峻的挑战。高校修业年限通常有限，那么在有限的时间内让学生掌握哪些东西最有利于学生未来的工作、学习、研究以及自身发展呢？当代教育理论对此的回答是，应传授给学生那些具有广泛迁移价值的基本知识、基本技能和基本原理。这些内容是知识中的精华，通过对这些内容的学习，学生可以形成各方面能力，以便在将来学得更多、更好。对每一个教师来说，选取学科内容中最精华的部分，使学生能举一反三、触类旁通，可以取得事半功倍的效果。这就是“少而精”的含义，也是少与多、精与泛的辩证关系的体现。教学内容“少而精”，还能使学生在学习过程中有充分的进行独立思考、独立获取知识、独立研究的时间，从而主动地参与学习，而不是把时间挤得满满的，使学生在学习中“学而不思”“述而不作”，被动地应付。

### （四）变单一方法为多样化方法

高校教学方法不是某种单一的、孤立的、分散的具体手段，而是一个多面性的、多层次的结构系统。这一系统中的每一种教学方法都以其自身的特点形成了教学方法体系。例如，启发式教学不仅仅是指一种具体的教学方法，还是一种教学方法体系。在这一教学方法体系中，包含众多的具体教学方法，它可能是讲授性的启发式教学，也可能是指导性的启发式教学。所以，在选用具体的教学方法时，首先应考虑教学方法的系统性，使各种教学方法有机地联结成一个整体，产生最佳的教学效果。

教师在课堂上必须把各种教学方法结合起来，有意识地选择适合班级特点和所教内容的各种教学方法，而不是总是拘泥于一种教学方法。教师要依据不同教学内容的要求，在选用某一主要教学方法的前提下，结合其他行之有效的教学方法，使所采用的教学方法具有系统性、综合性，以形成教师自己的教学风格和教学技艺。例如，教师除了采用课堂教学法和现场教学法外，还可采用科研训练法、案例教学法、问题教学法等，充分发挥各种教学方法的互补性。综合而灵活地运用各种教学方法，对于全面培养学生具有重大作用。

### （五）变传输型教学为研究型教学

当前，一向盛行的传输型教学方法面临着巨大的挑战。传输型教学方法是以教育家夸美纽斯（Comenius）基于认识论的教学方法为基础发展形成的。德国教育家赫尔巴特（Herbart）将其概括为五个方面，即预备、想象、联合、概括和应用。这种教学方法是由教师通过口头讲解、文字阅读、直观演示等手段传递知识，学生通过观察感知、理解教材、练习巩固、领会运用等手段接受知识，最后通过教师考核和学生自我检查来检验掌握知识的情况。传输型教学方法的优点在于，它能充分发挥教师的主导作用，使教学过程完全由教师控制，按预先设定好的教学内容进行授课；教学效率高，可同时对大批学生实施同一内容的教学；知识传授较系统，可在较短的时间内将某一方面的知识系统地呈现给学生。这种教学方法的基本特征是“三个中心”，即以教师为中心、以课堂为中心、以教材为中心。其缺点和不足是过分强调教师的主导作用，忽视了学生的主体作用，学生在教学中处于被动接受的位置，其积极性和主动性难以得到充分调动；过分强调对知识的继承性，忽视了对知识的批判性和创造性，不利于学生探索知识、发现知识和创造知识的意识及知识获取和应用能力的培养；过分强调共性培养，忽视了学生的个性发展，约束了学生的创造性思维，抑制了学生的学习兴趣、创新意识和创造能力。在新的教学思想和教学理念指导下的高校教学方法改革与创新中，这种教学方法不断受到质疑，得到了不断改进。

研究型教学方法是教师以课程内容和学生的知识积累为基础，引导学生创造性地运用知识，自主地发现问题、研究问题和解决问题，从中不断积累知识、培养科研能力和创新能力。有学者将研究型教学方法的实施步骤概括为：第一步，选题。教师概括地介绍课程，学生根据自己的知识、能力和兴趣爱好确定选题。这项工作可先从较简单的题目开始，如教材上某些综合性的思考题。第二步，收集资料。学生可利用资料室、图书馆、互联网查询资料，也可以通过到基层调查研究获得第一手资料。第三步，小组讨论。学生将自己收集的资料整理成文，在小组范围内展开讨论，并在此基础上，对自己的论文加以修改完善。第四步，全班交流。每个小组推荐代表，在全班进行交流与发言。

在学生代表发言的过程中，同组同学还可以进行补充。在发言结束后，其他同学可以提问并进行讨论。第五步，总结提高。讨论结束后，由教师进行点评，帮助学生总结提高。点评工作很重要，要由点到面，由知识到能力，由思维到方法，进行全面系统的评价，并介绍和补充相关的知识和信息，帮助学生实现知识的迁移。

### （六）变板书式教学为多媒体、板书并用型教学

传统的教学方法以语言、文字为传递信息的主要媒介，因此在很长一段时间内，黑板和粉笔成为教学的主要手段，教师主要按照教学大纲的要求，围绕课本对学生进行板书式的授课。但是，高校教学方法改革与创新的一个明显特点，就是教学设备越来越先进，教学手段的现代化水平越来越高，程序教学机、电子计算机以及其他多功能的现代化设备在教学中被越来越多地使用，多媒体教学、网络教学被广泛采用。将这些现代化设备运用于高校教学方法改革与创新，不仅使得教学内容更加生动形象，而且使学生的智力得到充分开发；同时还可以使多种教学方法有机地结合起来，使师生的积极性得到充分调动，从而获得最优的教学效果。

随着互联网技术的发展，基于校园网的以多媒体课件为基础的教学方法，正在逐步取代以板书为基础的教学方法。这是因为多媒体教学运用了声音、图形、图像、动画等手段，生动形象地将书本知识以一种动态的形式展现在学生面前，是以板书为基础的教学方法所难以比拟的。基于校园网的以多媒体课件为基础的教学方法更能吸引学生的注意力，而且存放于网络的多媒体教学课件随时可供学生下载后自学，减轻了教师的负担。然而，目前我国高校多媒体教学现状和效果并不乐观。过度使用多媒体不利于青年教师的全面发展，而且多媒体也不适用于所有课程。因此，教师必须将基于校园网的以多媒体课件为基础的教学方法和传统的以板书为基础的教学方法结合起来加以使用。

## 第三节 高校教学方法改革与创新的总体设计

高校教学方法改革与创新的总体设计主要包含三个方面：明确高校教学方法改革与创新的主要目标、制定高校教学方法改革与创新的基本原则、构建高

校教学方法改革与创新的制度框架。

## 一、明确高校教学方法改革与创新的主要目标

### （一）提高教学质量

提高教学质量是高校教学方法改革与创新的首要目标。传统的高校教学方法通常是教师以单向传授知识的方式进行教学，学生被动接受知识，存在着缺乏互动、缺乏启发性和创新性等问题。因此，高校教学方法改革与创新的首要目标是通过采用更加灵活多样、互动性强的教学方法，提高高校教学效率和质量。

### （二）激发学生的学习兴趣

激发学生的学习兴趣是高校教学方法改革与创新的另一个重要目标。学生的学习兴趣是学习的内在动力，是学生自主学习的关键因素之一。传统的高校教学方法通常缺乏启发性和创新性，难以激发学生的学习兴趣，导致学生缺乏主动性和积极性，影响学生的学习效果和学习质量。因此，高校教学方法改革与创新要通过采用更加有趣、富有启发性、创新性的教学方法，激发学生的学习兴趣，让学生在轻松愉悦的氛围中学习，提高学生的学习积极性和主动性，从而提高学生的学习效果和学习质量。

### （三）促进学生的全面发展

通过高校教学方法改革与创新，可以有效促进学生的全面发展，主要体现在以下几个方面。

#### 1. 培养多元智能

通过采用不同类型的教学方法，可以培养学生不同的能力，如逻辑思维、创造能力、沟通能力等，促使学生全面发展。

#### 2. 提高综合素质

高校教学方法改革与创新需要关注学生的道德、智力、体育、美育等各方面的发展，通过采用多元化的教学方法，培养学生的综合素质。

#### 3. 发挥个性特长

高校教学方法改革与创新应注重个性化教育，关注每个学生的特点和兴趣，因材施教，激发学生的潜能，促进学生个性特长的发展。

4. 培养团队协作能力

通过采用小组合作、课题研究等教学方法，可以培养学生的团队协作能力，加强学生之间的交流与互动，使他们学会在团队中发挥自己的优势。

5. 培养创新精神

高校教学方法改革与创新要注意鼓励大学生进行创新实践，如参加创新项目、竞赛等活动，培养他们的创新精神和能力，为社会培养具有创新精神的人才。

## 二、制定高校教学方法改革与创新的基本原则

### （一）以学生为中心

高校教学方法改革与创新应以提高学生的综合素质和能力为目标，关注学生的个性化需求和发展。为实现这一目标，高校教学方法改革与创新应关注激发学生的学习兴趣，采用互动式、讨论式、案例式等多样化的教学方法，使学生积极参与高校教学，增强学习体验。

### （二）注重实践教学

高校教学方法改革与创新应强调实践性、操作性和实用性，将理论教学与实践教学紧密结合。为实现这一目标，高校教学改革与创新应推行基于问题的学习、项目式学习等实践性教学方法，鼓励学生在解决实际问题的过程中掌握知识和技能，提高学生的实际操作能力和应用技能。

### （三）质量为本

高校教学方法改革与创新要以提高高校教学质量为核心。为实现这一目标，高校应建立科学、合理的评估体系，对教学过程和结果进行持续评估，以便不断优化教学方法。同时，教育部门应对教师进行定期培训，提升教师的教学能力和素质，确保高校教学方法改革与创新的有效实施。

### （四）科学与技术支持

高校教学方法改革与创新应充分利用现代教育技术，如人工智能、大数据、云计算等，提高高校教学效率。为实现这一目标，高校教学方法改革与创新应引入在线教育、混合式学习等教学模式，利用现代教育技术优化课堂教学，提高高校教学质量。同时，应将教育信息化建设和高校教学方法改革与创新相结合，培养学生的信息素养和数字化技能，为学生的发展提供科技

支持。

## 三、构建高校教学方法改革与创新的制度框架

为了更好地实现高校教学方法改革与创新，提高高校教学质量，需要构建一个完善的制度框架，以确保高校教学方法改革与创新的有效性和可持续性。以下是构建高校教学方法改革与创新制度框架的几项重点举措。

### （一）制定完善的政策指导体系

政策是引导高校教学方法改革与创新的重要手段，因此需要制定一系列关于高校教学方法改革与创新的政策文件，明确高校教学方法改革与创新的目标、任务、措施和实施步骤。此外，政策还应体现国家发展战略的大方向，以确保高校教学方法改革与创新和国家发展战略相一致。

### （二）建立教学质量保障体系

高校应建立健全教学质量保障机制，包括教学质量监测、评估、认证和信息反馈等环节。通过这一体系，可以及时发现教学中存在的问题，为高校教学方法改革与创新提供有力的支持。

### （三）完善教师发展机制和激励机制

教师是高校教学方法改革与创新的关键力量，因此高校需要建立教师职业发展体系，关注教师的成长，为教师提供专业发展的空间和平台。同时，高校要完善教师激励机制，将教学成果纳入教师评价体系，鼓励教师积极参与高校教学方法改革与创新。

### （四）强化校企合作与“产学研”一体化

为了使高校教学方法改革与创新更具针对性和实效性，高校需要加强校企合作，促进“产学研”一体化。通过与企业合作，高校可以为学生提供在实际工作环境中学习的机会，提高学生的实践能力和就业竞争力。

### （五）完善学生参与和反馈机制

学生是高校教学方法改革与创新的主体，因此高校需要关注学生的需求和意见。高校应建立有效的学生参与和反馈机制，让学生在高校教学方法改革与创新中发挥主动作用，同时收集学生对高校教学方法改革与创新的建议和意见，为高校教学方法改革与创新提供更有针对性的依据。

# 第四节　高校教学方法改革与创新的具体措施

依据高校教学方法改革与创新的总体设计，笔者探索了以下五种高校教学方法改革与创新的具体措施。

## 一、持续更新教师教学理念

教师的教学理念直接影响着教学方法的选择和实施，所以教师教学理念的持续更新是推动高校教学方法改革与创新的首要措施。至于如何推动教师教学理念的持续更新，可以从以下几个方面入手。

### （一）加强教师培训和学术交流

高校可以通过不同形式的培训和学术交流活动，为教师提供更多的学习机会和资源。高校通过在校内或校外邀请专家学者开展专题讲座、研讨会和讲习班，可以让教师了解最新的教育理论、技术和方法，从而不断更新自己的教育理念。此外，高校也可以建立教育研究中心、课程开发中心、教学培训中心等机构，为教师提供专业知识和技能的培训和指导，进一步提高教师的教学水平和能力。

### （二）加强教师评价

高校可以建立科学、有效的教师评价制度，对教师从教学效果、教学方法、教学态度等方面进行全面、客观的评估和反馈。评价结果应该具有可操作性和有效性，可以为教师提供更准确、更具体的改进方向和方法。在此基础上，高校还可以为教师提供教学反馈和支持，帮助教师不断更新自己的教学理念和教学方法。

### （三）鼓励教师开展教育研究

高校可以通过鼓励教师开展教育研究，为教师提供更多的研究机会和资源，帮助教师提升教育研究能力和水平。教育研究可以帮助教师更好地了解学生的学习需求和特点，探索新的教学方法，进一步提升教学质量和效果。高校可以通过建立教学研究基金、开展教育研究项目、组织教师教学论坛等方式，鼓励和支持教师开展教育研究。

### （四）建立教学研究团队

通过建立教学研究团队，教师可以相互交流、合作研究，深入探讨教学方面的问题，不断探索新的教学方法，实现教学理念的更新。具体来说，建立教学研究团队需要以下几个步骤。

#### 1. 确定教学研究团队的目标和范围

在确定教学研究团队的目标和范围时，需要考虑教学研究团队成员的专业背景、教学方向和研究兴趣等因素，确保教学研究团队成员之间具有一定的共性和互补性。

#### 2. 组建教学研究团队

教师可以通过自愿申请或推荐选拔等方式组建教学研究团队，团队成员应包括教学经验丰富、业务能力较强的教师。在组建教学研究团队时，可以根据不同教学领域和专业进行分类组建。

#### 3. 确定研究课题

研究课题应围绕高校教学方法改革与创新的方向和需求展开，可以是某个专业的教学实践，也可以是某种教学方法的比较研究，还可以是教学资源和教学技术的开发和应用等。

#### 4. 开展研究活动

教学研究团队可以通过集体研讨、研究报告、教学案例分享等方式开展教学研究活动，不断深化教学研究，推动高校教学方法的改革与创新。

#### 5. 总结研究成果

教学研究团队应及时总结研究成果，并向教师、学生以及社会各界发布和分享研究成果。同时，教学研究团队也可以通过学术会议、期刊论文等方式将研究成果推向学术领域。

### （五）创造教学环境和氛围

高校可以通过创造良好的教学环境和氛围，激发教师的教学热情和创造力，推动教师教学理念的持续更新，进而推动高校教学方法的改革与创新。

第一，引入先进的教学设施和设备，如建立多媒体教室、虚拟仿真实验室、教学实验室等，为教师提供更多更好的教学资源和工具。

第二，提供优质的教学材料和资源，如教材、教学课件、教学视频等，为教师提供更好的教学支持和帮助。

第三，开展各种形式的活动，如教学展示、教学比赛、教学经验分享等，为教师提供更多的交流机会和展示平台。

第四，鼓励教师采用新颖、多样化的教学方法，如互动式教学、案例教学、团队教学等。

第五，建立良好的学生评价和反馈机制，及时了解学生的学习情况和反馈，为教师提供更准确的教学改进方向和方法。

总之，高校教学方法的改革与创新需要从教师教学理念的持续更新入手，通过不同的途径和措施，为教师提供更多、更好的教学资源和支持，激发教师的教学热情和创造力，推动高校教学方法的持续改革与创新。

## 二、采取多元化教学方法

多元化的教学方法有助于激发学生的学习兴趣，增强他们的学习积极性，从而促进学生的全面发展。

### （一）合理使用传统教学方法

对于传统教学方法，如讲授法，教师应合理选择、恰当使用，而非“一刀切”地摒弃。这是因为有些课程使用传统教学方法能够更高效地完成教学任务，实现教学目的。高校教学通常以课堂教学为主，在课堂教学过程中，如何组织和保证课堂教学的顺利进行是教师必须面对的首要问题，由此也就决定了教师在课堂教学活动中的主要地位和作用，教师需要对所授课程的基本原理和规则进行讲授、分析、论证及演示。由此可见，传统教学方法依然发挥着保障课堂教学顺利进行的作用。

### （二）多元组合新型教学方法

多元组合新型教学方法，顾名思义，是将多种教学方法有机融合，形成一种灵活多变、适应性强的教学方法。这种策略不仅强调知识的传授，更注重能力的培养与素质的提升，力求通过多样化的教学手段，激发学生主动学习的热情，促进其全面发展。

首先，项目式教学法与问题导向教学法的组合，为学生提供了一个实践探索的广阔舞台，为学生带来了前所未有的学习体验与成长机遇。项目式教学法，以其强调实践、鼓励创新的特点，鼓励学生围绕某一具体项目展开深入学习与实践，而问题导向教学法则侧重于通过解决真实或模拟的问题来驱动学习过程。当这两者组合在一起时，则共同构建了一个既富有挑战性又充满趣味性的学习环境。

通过这两种教学方法的组合，学生不再是被动接受知识的容器，而是成为主动探索知识的探险家。他们被赋予了选择权，可以依据自己的兴趣和专业发展方向，选取与现实生活紧密相关、具有实际应用价值的项目或问题作为学习的核心载体。这些项目或问题可能源于社会热点、行业趋势，或是学生个人关注的领域。它们不仅具有时效性，还蕴含着深刻的专业知识和实践智慧。

这两种教学方法的组合还极大地增强了学生解决问题的能力。面对复杂多变的问题，学生需要灵活运用所学知识，创造性地提出解决方案，并在实践中不断调试与优化。这种从理论到实践、再从实践反馈到理论的循环往复，不仅锻炼了学生的实践能力，也培养了他们的创新思维和适应变化的能力。

其次，案例教学法与情境教学法的巧妙组合，为学生开辟了一条通往真实世界与特定职业场景的桥梁，使他们能够在近乎实战的环境中深化理论理解，提升实践能力，为未来的职业生涯发展奠定基础。这两种教学方法的组合，深刻地改变了学生的学习方式，让学习不再局限于书本与课堂，而是跨越到了更为广阔的生活与职业舞台。

案例教学法的核心在于通过选取具有代表性的真实或虚构案例，引导学生对其进行深入分析、讨论与反思。这些案例往往来源于现实生活或行业实践，它们或成功或失败，但都蕴含着丰富的经验教训和深刻的理论启示。学生在分析案例的过程中，不仅要运用所学知识去解读案例背景、剖析问题根源，而且要预测可能的发展趋势，提出解决方案。这一过程不仅加深了学生对专业知识的理解，而且让学生学会了如何将理论知识与实际问题相结合，如何运用理论去指导实践，从而增强了学习的实用性和针对性。

情境教学法通过模拟真实世界或特定职业场景，为学生创造了一个身临其境的学习环境。通过角色扮演、情景模拟等活动，学生能够在接近实战的条件下，体验不同职业角色的职责、挑战与应对策略。这种沉浸式的学习体验，不仅让学生更直观地理解了职业环境的复杂性与多样性，而且锻炼了他们的应变能力、沟通技巧和团队协作能力。更重要的是，情境教学法让学生有机会在实践中试错、反思与成长。这种从实践中学习的方式，远比单纯的理论讲授更能激发学生的创造力和解决问题的能力。

当案例教学法与情境教学法组合在一起时，它们共同构建了一个既富有理论深度又充满实践活力的学习环境。学生在分析案例的过程中，能够结合情境模拟中的实践经验，更深刻地理解理论知识在实践中的应用；同时，在情境模拟中遇到的问题和挑战，也能通过案例分析的视角得到更全面的解读与解决。这种理论与实践的双向互动，不仅提升了学生的专业素养，也让他们在未来的职业生涯中更加自信、从容。

值得注意的是，多元组合新型教学方法，还需辅以有效的教学评价机制和反馈系统。这包括过程性评价、同伴评价、自我评价等多种评价方式，旨在全面、客观地反映学生的学习进展和成就，同时为教师提供调整教学方法的依据，形成教学相长的良性循环。

## 三、加强现代教育技术的应用

现代教育技术的应用是推动高校教学方法改革与创新的重要途径之一。随着信息技术的发展，现代教育技术已经成为高校教学不可或缺的组成部分。教师可以充分利用多媒体、网络、移动设备等现代教育技术创新教学方法，提高教学效果和效率。具体来说，加强现代教育技术的应用需要从以下几个方面展开。①

### （一）建立先进的现代教育技术基础设施

建立先进的现代教育技术基础设施是加强现代教育技术应用的前提。高校可以建立多媒体教室、智慧教室、网络教室等现代化教学场所，为教师和学生提供更好的教学环境和设施。同时，高校还应该建设教学管理信息系统、教学资源共享平台等技术平台，提供教学资源、教学工具和教学支持，为教师和学生提供更好的教学体验和学习体验。

### （二）推广在线教学和混合式教学

在线教学和混合式教学是现代教育技术应用的重要形式。高校可以通过建设网络课堂、开展网络课程等在线教学活动，为学生提供灵活、便捷的学习方式和学习资源。同时，高校还可以采用混合式教学的形式，将线上教学和线下教学相结合，为教师提供更加丰富和多样的教学体验，满足学生的学习需求。

---

① 任新悦，韩潇霏，王子龙. 多维度视角下高校教学改革探析[J]. 山西青年，2024（19）：118-120.

### （三）推进数据挖掘和人工智能技术的应用

数据挖掘和人工智能技术的应用可以帮助教师更好地了解学生的学习情况和学习需求，提供个性化的教学服务和学习资源。高校可以建设学习管理系统、学习分析平台等技术平台，采集和分析学生的学习数据，为教师提供更加准确和实时的教学反馈和支持。同时，高校还可以利用人工智能技术，开发智能辅助教学工具、教育机器人等教学工具，提供更加全面、丰富和个性化的教学服务。

### （四）提高教师的信息技术素养和应用能力

提高教师的信息技术素养和应用能力是加强现代教育技术应用的关键。高校可以开展信息技术培训和教育，提供信息技术资源和技术支持，帮助教师掌握最新的现代教育技术和工具，提高教师的信息技术应用能力。同时，高校还应该建立完善的奖惩机制，对信息技术应用能力突出的教师给予表彰和奖励，激励教师积极应用现代教育技术，推动高校教学方法的改革与创新。

## 四、建立促进高校教学方法改革与创新的激励机制

激励机制是推动高校教学方法改革与创新的重要手段。高校应建立健全高校教学方法改革与创新的激励机制，包括制定相关政策、设立教学改革与创新基金、设立教学成果奖等。这些激励措施旨在鼓励教师积极参与高校教学方法的改革与创新，激发他们的创新精神，从而提高高校教学质量。

### （一）设立教学成果奖

教学成果奖是表彰教师在高校教学方法改革与创新方面获得的成就和做出的贡献的重要方式。高校可以设立不同级别的教学成果奖，如教学创新奖、教学研究奖等，以激励教师在高校教学方法改革与创新方面做出更多的尝试和创新。教学成果奖的评选应该具有权威性和公正性，评审标准应该和高校教学方法改革与创新紧密相联，重点关注高校教学方法改革与创新的实际效果和影响。此外，应该为获奖者提供一定的经济和荣誉奖励，以鼓励他们继续在高校教学方法改革与创新方面发挥创新和探索精神，促进高校教学质量的提升。

### （二）开展荣誉称号评选

除了设立教学成果奖，高校还可以开展荣誉称号评选，如“优秀教学能手”“教学名师”等，以表彰在高校教学方法改革与创新方面作出杰出贡献的

教师。荣誉称号的评选应该具有权威性和公正性，评审标准应该与高校教学方法改革与创新紧密相联，以激励更多的教师参与高校教学方法改革与创新，不断推动高校教学质量的提升。

## 五、引导学生参与高校教学方法改革与创新

学生的参与对高校教学方法改革与创新至关重要，因为学生是高校教学活动的受益者和直接参与者。因此，高校应该通过增强学生的教学意识、鼓励学生反馈教学效果、组织学生参与高校教学方法改革和创新的实践、表彰学生在高校教学方法改革和创新中的贡献等方式，引导学生积极参与高校教学方法改革与创新。

### （一）增强学生的教学意识

高校应该增强学生的教学意识，使他们认识到教学的重要性和教学方法的重要性。学生应该明白教学不仅是知识的传授，更是能力和素质的培养，而教学方法则是教学的重要手段之一。为了增强学生的教学意识，高校可以采用以下方式。

第一，教师可以在教学中引导学生，让他们明白教学的目标和意义。教师可以讲解教学内容的实际意义，让学生认识到学习这些知识的重要性。教师可以将课堂上的知识与学生的日常生活联系起来，让学生认识到教学的价值和意义。

第二，高校可以开设相关的课程或讲座，帮助学生深入了解教学的重要性和教学方法的重要性。这些课程和讲座可以由教育专家、教师和学生共同组织，让学生了解不同的教学理念和方法，从而增强他们的教学意识和认知水平。

### （二）引导学生反馈教学方法

高校应该引导学生对教学方法进行反馈，了解学生对不同教学方法的反应。高校可以通过课堂问卷调查、小组讨论、个人反馈等方式，了解学生对教学方法的看法和建议。这些反馈可以帮助教师了解学生的学习需求和心理状态，有助于教师优化教学方法，提高教学效率。

#### 1. 问卷调查

通过问卷调查，可以让学生直接表达自己对教学方法的看法和建议。在进行调查时，应该制定科学、有效的调查问题，从而了解学生对不同教学方法的

反应和评价。调查可以是定期的、不定期的、面向所有学生的、面向特定学生的，以便更好地了解学生的需求和想法。

#### 2. 小组讨论

小组讨论也是了解学生对教学方法的反应和评价的有效方式。小组讨论可以帮助学生交流彼此的看法和建议，并且可以促进学生之间的互动和合作，提高他们的思考和沟通能力。通过讨论，学生可以更深入地了解自己的学习需求和学习方式，同时也可以为教师提供有益的反馈和建议，帮助教师更好地进行高校教学方法改革与创新。

#### 3. 个人反馈

个人反馈同样是了解学生对教学方法的反应和评价的重要方式。教师可以通过个人沟通、电子邮件、网络平台等方式，向学生了解他们对教学方法的看法。这些反馈可以是大学生对课堂的实时反馈，也可以是大学生对教学活动的综合反馈，还可以帮助教师更好地了解学生对教学方法的评价，从而对教学方法进行改进。

### （三）组织学生参与高校教学方法改革和创新的实践

组织学生参与高校教学方法改革与创新的实践可以提高学生的创新能力和实践能力，也可以推动高校教学方法的改革与创新。高校可以通过以下几种途径来组织学生参与高校教学方法改革和创新的实践。①

#### 1. 组织学生参与高校教学方法改革和创新项目的研究和实践

高校可以组织学生参与高校教学方法改革和创新项目的研究和实践，让学生亲身体验不同的教学方法并提出改进意见。例如，学生可以通过实地观察和实践来了解现有高校教学方法的局限性，然后结合自己的学习经验和想法，提出适合自己和其他学生的教学方法。这样的实践可以培养学生的创新能力和实践能力。

#### 2. 组织学生参加教师的教学展示

高校可以组织学生参加教师的教学展示，让学生了解不同教学方法的优缺点和适用范围，从而增强学生的教学意识和提高学生的认知水平。教师可以对自己的教学方法进行展示和比较，让学生通过观察和分析来判断和评价这些教学方法的效果。这样的实践既可以帮助学生更好地了解教学方法，也可以提高

---

① 高思杨. 基于多媒体技术的高校教学改革探析[J]. E动时尚，2024（5）：124-126.

学生的评价能力和思考能力。

### 3. 组织学生参与高校教学方法改革和创新的研讨和交流

高校可以组织学生参与高校教学方法改革和创新的研讨和交流，让学生探讨不同的高校教学方法改革与创新方案，从而提高学生的理论水平和思考能力。研讨和交流可以通过课堂上的小组讨论、学生会议、教学论坛等方式来实现。学生可以在研讨和交流中展示自己的想法和创新成果，也可以学习和借鉴其他学生的经验和思路。

## （四）表彰学生在高校教学方法改革与创新中的贡献

高校可以通过表彰学生在高校教学方法改革与创新中的贡献来激励学生积极参与高校教学方法改革与创新，从而提高高校教学方法改革与创新的质量。这种表彰不仅可以激发学生的创新思维，而且能够让学生感受到自己的付出得到了认可，增强学生的自信心和学习动力。

第一，高校可以设立学生教学创新奖等相关奖项。这些奖项可以根据高校教学方法改革与创新的不同领域和方向进行划分，包括教学内容设计、教学模式创新、教学技术应用等方面。高校可以邀请评审专家评选出优秀的教学方法改革与创新成果，并对获奖学生进行表彰和奖励，如发放荣誉证书、奖金等。这样可以让更多的学生参与高校教学方法的改革与创新，提高高校教学的水平。

第二，高校还可以通过学生科研项目支持计划等方式，为学生提供更多地参与高校教学方法改革和创新的机会。学生可以自主选择研究的方向和项目，探索创新的教学方法，通过实践来提高高校教学的质量和效果。高校可以通过资金、设备和其他资源的支持，为学生提供更加便利的条件和更大的发展空间。

第三，高校还可以将学生的高校教学方法改革与创新成果纳入学生综合素质评价的范畴，通过对学生的高校教学方法改革与创新成果进行量化评价和综合评估，提高学生的职业竞争力。这种评价方式不仅可以激励学生积极参与高校教学方法的改革和创新，而且能够增强学生的学习动力和创新意识。

# 第四章　高校课程的改革与创新

高校的人才培养目标是培养适应社会需要的合格人才，而课程教学是高校人才培养的重要环节，高校人才培养目标只有通过课程教学才能得以实现。也就是说，高校课程是决定高校人才培养质量的关键性因素，也是决定高校人才培养目标能否实现的核心。在当前人才竞争激烈的背景下，如何改进、完善高校课程，培养出适应社会需要的合格人才显得尤为重要。鉴于此，本章对高校课程的改革与创新进行了研究。

## 第一节　高校课程改革与创新的原因

高校课程改革与创新受到许多因素的影响和推动，并不是自然衍生的。人们通常认为其原因有外部与内部两大类。外部原因包括社会体制的变化、社会规范和文化知识的发展、科技革新等，内部原因包括学生的发展和教育研究的深入等。揭示高校课程改革与创新的原因有利于预测和控制高校课程改革与创新，提高高校课程改革与创新的主动性和有效性，指导高校课程改革与创新的实践。

### 一、社会体制之变化

许多专家学者认为，社会体制之变化是高校课程改革与创新最根本的推动力量。英国学者霍伊尔（Hoyle）就曾指出，社会的发展变化是影响高校课程改革与创新的重要原因。这里的“社会”被霍伊尔赋予了两个层面的含义：一是体制方面的，包括政治体制、经济体制等；二是规范方面的，包括维持社会系统及其体制的价值和标准。

社会体制的变化会对高校课程产生巨大影响的原因则在于高校课程是一个开放系统，它必须不断地与社会中的其他系统相互交换信息与能量，从而使自身得以发展和改善。从这个角度来看，任何国家的高校课程改革与创新都不免受到其所在社会的环境、体制变迁的影响、控制。也就是说，社会的任何风吹草动都会对高校课程改革与创新产生影响，使高校课程的目标、结构、功能、内容等发生或大或小的变化。就政治体制而言，其对高校课程改革与创新的影响是多层面的、深刻的、更为直接的。当然，这方面的影响既可能是积极的、进步的，能推动高校课程的进步和发展，也可能是消极的、倒退的，会抑制高校课程改革与创新的进程，阻碍高校课程的发展。在经济体制方面，经济体制的改革与创新是高校课程改革与创新的必要保证。从历史发展的角度来看，高校课程的发展与经济体制的改革与创新在总体上是一致的。

以我国的发展变化为例，我国在实行改革开放以前实行的是计划经济体制，随着经济体制改革的深化，社会主义市场经济体制逐步建立，对高校课程产生了直接的冲击和影响，使得高校开始逐渐按市场经济的发展要求改革与创新高校课程，更新高校课程观念，调整高校课程结构，完善高校课程内容，重视学生的个性发展，培养学生的主体意识、创造能力，全面提高学生的综合素质。

## 二、社会规范和文化知识之发展

社会规范是影响高校课程改革与创新的潜在动力。高校课程改革与创新既离不开社会的政治、经济背景，又需要具有凝聚、吸引作用的潜在力量，因为高校课程改革与创新的过程从动态的角度来看是复杂的，在一定程度上也是难以预见的。不过，“无序”在科学的意义上并不是混乱，而是指各种矛盾和复杂事物的活动拼接成若干群集。科学家说，奇异的吸引物是推动混沌状态进入周期性运动的力量。社会规范是高校课程改革与创新过程中的“奇异的吸引物”之一。

文化知识的增长是影响高校课程改革与创新的一个主要因素。文化知识是高校课程的重要源泉，高校课程随着文化知识的不断涌现而不断更新，高校课程重点也被推动着转移，随之而来的是高校课程结构的完善。

比如，在20世纪中叶以后，知识激增，知识量变大，信息增多，任何普通人都不可能用头脑把它们全部储藏起来，同时计算机的普及也使人们认为没有必要去记忆所有知识。信息储存的这种革命性变革，使高校课程的重点和高校课程设计方式发生了必然的改变。与之相适应的，高校课程所强调的再也不是让学生获得知识，而是如何查找和使用知识。这时候，与之相匹配的高校课程设计需要广泛采取选修课的形式，为广博、精深的知识进入高校课程领域创造条件。

## 三、科技之革新

高校课程可以说是时代的产物，因为它总是能很敏感地反映时代对教育的要求和社会前进的步伐，与科学技术的发展息息相关。随着人类社会的发展，科技的进步与革新对高校课程的影响日益加剧，尤其是当代技术革命，对高校课程的改革与创新起着直接的推动作用。一方面，当代科技的发展使社会生产力的构成要素通过科技的渗透发生了质的变化，科学技术成为生产力的加速器。现代社会依靠的不是人的体力，而是人的智力和人所掌握的科学技术。这一变化将有力地促进高校课程的改革与创新，使高校课程既要为培养各种技术专家和专业研究人员奠定基础，又要为培养大批熟练的普通劳动者服务。另一方面，当代科技革命的突出特点是既高度分化又高度综合。高度分化意味着大量分支学科的涌现，高度综合表现为学科的交叉融合，从而出现了许多边缘性、综合性学科。这一趋势要求高校课程调整学科结构，改革与创新原有的单一的分科高校课程设计，增强高校课程的整体性和综合性。①

## 四、学生之发展

高校课程承担的主要任务是促进学生个体的发展，因此高校课程改革与创新必须兼顾学生的身心特征、发展状态和学习需求。也就是说，高校课程改革与创新若无视学生的存在，就无法达到高校课程改革与创新应有的目的。

那么，学生的身心发展特征表现为整体性、连续性、阶段性和个体差异性。也就是说，学生的心理活动与生理活动是密切联系、相互影响的，心理活

① 张国培. 论“互联网+”背景下的雨课堂与高校教学改革[J]. 中国成人教育，2017（19）：94-96.

动离不开生理活动，生理活动受心理活动的制约。同时，在学生的心理活动方面，智力、情感、意志、性格的发展也是密切联系的。因此，高校课程改革与创新要体现学生的品德、才智、审美、体质等发展的整体性，以使学生的身心都得到充分发展。同时，学生的身心发展又是一个持续不断的渐进过程，呈现出连续性和阶段性，要求高校课程改革与创新既有不同的重点，又不能超越学生身心发展的特定阶段。从学生个体的心理状况来看，每个学生的心理活动各有特点，在兴趣爱好、能力、气质、性格等方面都存在着差异，这就要求高校课程改革与创新要考虑不同学生的个性差异，满足学生多方面的兴趣，加强高校课程结构的改善，重视开设选修课程和丰富多彩的活动。

### 五、教育研究之新成果

理论对实践具有巨大的指导作用。毫无疑问，高校课程改革与创新是受一定的教育思想或观点的指导的。高校课程改革与创新若没有科学的理论指导，就会成为盲目的改革与创新，最终会迷失方向，无法取得预期成效。教育研究的新成果，即新的教育理论，是对高校课程改革与创新影响最直接、最关键的思想或观点。

例如，早在20世纪20年代，桑代克（Thorndike）关于训练迁移的“共同要素说”，就曾推动人们对以官能心理学为基础的训练迁移理论进行批判，并促使人们探求高校课程与当代生活的关联。杜威的实用主义教育理论引发了几乎波及全球的高校课程改革与创新。20世纪50年代末期，布鲁纳（Bruner）的结构主义教学理论思想，更是直接影响了美国20世纪60年代的高校课程改革与创新。

## 第二节　高校课程改革与创新的现状和趋势

在当今这个日新月异的时代，高等教育作为社会进步与科技创新的重要基石，正面临着前所未有的挑战与机遇。随着全球化进程的加速、信息技术的飞速发展以及知识经济的崛起，高校课程改革与创新已成为提升高等教育质量、培养适应未来社会需求的高素质人才的关键路径。本节旨在探讨高校课程改革与创新的现状，并展望未来的发展趋势，以期进一步推动高校教学的改革与创新，为高等教育的持续进步提供参考与启示。

## 一、高校课程改革与创新的现状

### （一）培养目标定位过于专业化，忽略了学生职业综合素质的培养

在当今这个快速变化的时代，高等教育作为社会进步与创新的重要引擎，正经历着深刻的变革与挑战。然而，在追求专业深度与精度的过程中，部分高校在培养目标定位上出现了过于专业化的倾向，这一现象不容忽视。长期以来，许多高校倾向于将专业知识的传授与技能的训练置于首位，过分强调学科的细分与专业化，在一定程度上忽略了对学生综合素质的培养。

综合素质是指个体在知识、能力、情感、态度、价值观等多个维度上的全面发展。它不仅包括对专业知识与技能的掌握，更涵盖了批判性思维、创新能力、沟通能力、团队协作、社会责任感以及国际视野等软实力的提升。然而，当前部分高校在课程设计上，往往过于聚焦于特定专业领域的知识与技能，导致学生的知识面狭窄，缺乏跨学科的综合素养，难以适应快速变化的社会需求与复杂多变的职业环境。

这种过于专业化的培养目标定位，不仅限制了学生的全面发展，还可能抑制其创新思维与解决问题能力的提高。在高度专业化的学习环境中，学生往往被引导着去关注某一领域内的知识与技能，而忽视了对于更广泛的知识的探索与综合能力的培养。这不仅可能导致学生视野受限，缺乏对于不同领域知识的融合与创新能力，而且可能影响到其未来的职业发展与个人成长。

此外，过于专业化的培养目标还可能加剧学生的就业压力与社会适应性问题。随着社会的快速发展与职业的多元化，单一的专业技能已难以满足市场的需求。用人单位越来越注重员工的综合素质与跨领域能力，而不仅仅是其在某一专业领域内的专业技能。因此，过于专业化的培养目标可能导致学生在就业市场上缺乏竞争力，难以适应多样化的职业需求。

### （二）课程内容过多关注职业的客观需要，忽视了人的全面发展

课程内容是教师实施教学计划的重要载体和主要依据，是学生获取知识、发展能力的重要渠道。在课程内容的安排上，通常是教师按照教学大纲、教学计划提前选好教材，然后主要按照教材有计划、有步骤、系统地组织课程内容。但是，这些课程内容单一地指向某专业应该达到的职业要求，更多地考虑

教师如何“教”的问题，忽视了学生在教学活动中的主体地位；过于注重文化课知识的掌握、专业技能的强化，忽略了如何把课程作为一个信息载体，使学生更好地理解和掌握知识与技能，如何使学生在学习过程中得到全面的发展。

## （三）课程结构失衡，专业课程体系缺乏合理性

### 1. 理论课与实践课割裂

理论课与实践课是高校课程中最主要的课程类型。理论课一般包括普通文化课、专业基础课和专业课，主要培养学生的人文素养、专业理论和技术知识；实践课主要包括实验课、实习课、实训课，旨在培养学生的职业能力与操作技能。两类课程相互补充、相互促进，共同为培养高技能专业人才服务。但是，一些高校过分加大或缩小某一类型课程在课程体系中的比重，导致课程结构失衡。从当前一些高校的教学实践看，这两类课程的搭配尚不默契，许多高校仍然将课堂教学作为专业课程学习的主要形式，奉行理论先行、理论为主、实践依附于理论的教学策略，将理论的学习与技能的习得割裂开来。虽然最近几年这种现象有所改观，但许多高校只是简单地采用叠加式的方法将理论课与实践课机械地拼凑在一起，两者之间形成的是依附关系，两者之间“貌合神离”的二元分裂的局面并未得到改观，发挥不出共同促进高技能人才培养的合力作用。

### 2. 专业建设重学科体系，轻课程体系

以专业方式培养人才，曾在我国高校占绝对地位，而且其现在仍是一种主要的人才培养模式。高校是通过传递与探求人类文化科学知识来培养专门人才的，而人类几千年所积累的文化科学知识主要以学科的形式保存并发展，所以各国都以学科发展水平和状态衡量一所高校的发展水平。我国高校的重点资助项目，如“985”“211”的立项，都以学科建设水平为主要标准，高校更名、硕博点评审也以学科发展为主要衡量标准。由于我国在高校的建设方面比较多地强调学科建设，使得许多高校在专业建设中，只注重专业的学科性成果，比如有多少科研项目、多少学术论文等，而忽略了专业建设的另外一个环节——课程及课程体系的建设。只注重学科建设，忽视课程及课程体系建设，专业教学内容将会变得陈旧和贫瘠，使得学生难以学到新知识、新技术，高校人才培养质量也难以得到保证。

### 3. 专业课程体系架构不够严密、科学

人才培养目标主要是通过课程教学实现的。课程建设水平的高低及课程体

系的合理性、科学性是实现人才培养目标的基本保证。长期以来，很多高校的基础课程科目少，内容也很少，而且其内容很少会进行更新，同时过于注重知识内在的逻辑联系，而忽视社会生产和生活中的问题，特别是与人类生存、发展相关联的各种基本问题。除此之外，许多高校对人才培养方案中各类课程开设的目的、什么样的课程组合以及知识组合能够实现人才培养目标等问题，在认识上很模糊，在理论研究和实践探讨方面也很欠缺。这也难怪现在有许多学生抱怨课程之间关联度不高，课程内容重复交叉现象较为严重，课程学习的目的性不明确等。其实，课程体系不合理是导致当前学生对高校课程缺乏认可的重要原因。①

### （四）课程设置滞后于市场需求，人才培养难以对接就业市场

课程设置滞后于市场需求也是目前高校课程存在的一个比较明显的问题。随着社会主义市场经济体制的完善，高等教育应直接面向社会需求，尤其是当地就业市场，以培养出满足同时期市场需要的人才为目标。但是，当前部分高校在进行课程设置时，对市场需求调研和必备的行业分析的重要性认识不够，导致课程设置并不能很好地适应同期就业市场的需求。出现这种情况的原因，一方面是高校虽然基本上熟悉市场对某类人才的需求，也能及时地开设相关的专业，但是往往强调了学生“量”的增长，忽视了“质”的提升。另一方面，有些高校在某些专业上有较强的培养基础，在一定时期内基本上能培养出适应市场需求的人才，但是在进行行业分析时，不能有效地结合相应的能力单元进行培养，导致“毕业生并不能进入对应产业界”现象的发生。因此，充分了解人才市场和紧密跟踪行业技术发展水平可以为高校课程设置提供方向性依据。

## 二、高校课程改革与创新的趋势

在高校办学体系多元化、终身教育、素质教育等理念的影响下和高校提升办学质量内在需求的驱动下，高校课程改革与创新必将朝着综合化、个性化、复杂化和国际化的方向发展。

### （一）综合化趋势

根据学生的成长规律，人的全面发展的需求将会导致高校课程改革朝着综合化的方向发展。由于“学科本位”“能力本位”以及“工作过程导向”的

---

① 蒋惠凤，刘益平，张兵. 在线教育方式下高校教学改革的行为选择、动因与对策研究[J]. 黑龙江高教研究，2021，39（1）：150-155.

高校课程体系设置不利于学生的全面发展，高校既要使学生具备必备的学科知识，又要锻造学生扎实的职业能力，更要注重学生优良职业素养的养成，从而使其具有更强的自我发展能力。因此，高校需要综合考虑，注重不同类型课程在数量上、结构上以及开设时序上的合理匹配，使培养出来的人才兼具较为系统的专业知识和良好的职业素养，为其全面发展奠定坚实的基础。

### （二）个性化趋势

课程的个性化是高校办学特色的重要体现，是高校求生存、谋发展的需要，是时代赋予高校的历史使命，高校的形象、实力、竞争力也将通过课程体现出来。高校应该明确定位本校的人才培养目标，进一步明确本校的办学宗旨、理念、思想、特色，从制订招生计划时起就需考虑吸收有哪种需求的学生入学，开设哪些课程，培养什么样的人才，从而在课程设置方面显示出自身的特点。这样一来，高校课程将必然呈现出个性化趋势，这种趋势也必将促使高校注重自身形象和人才培养特色，从而带来高等教育结构多样化的局面。

### （三）复杂化趋势

高等性和教育性等因素决定了高校课程改革与创新的复杂化趋势。其复杂化趋势主要体现在以下六个方面。

第一，随着高校课程改革与创新的不断深化，新旧理念不断协同创新，直至整合形成新的高校课程模式。

第二，社会经济发展的不同发展阶段对人才培养质量提出不同的需求，需对高校课程目标进行不断定位并及时做出调整。

第三，随着产业结构和地区经济发展的需要，高校课程结构体系需做出相应的调整。

第四，随着经济发展的全球化、规范化、信息化以及人才需求个性化和培养目标的多样化，高校需要紧密联系企业，不断地更新和拓展课程的内容。

第五，随着国外高校课程教学模式的不断引入和教师的总结和创新，高校课程将朝着多样化方向发展。

第六，随着人们对人才观念认识的深入和转变，以最终考试成绩评定学生的方式不再受到高校的青睐，考核评价方式出现了多样化、过程化的特点。

### （四）国际化趋势

随着社会经济开放程度的提高，国际化已成为高校课程改革与创新的发展趋势。高校课程改革与创新的国际化主要体现在以下三个方面。

第一，发达国家的课程模式和教学方法不断被借鉴和引入，通过与我国高校课程的结合，形成了适合本校人才培养目标的高校课程。

第二，高校课程增设了关于其他国家和国际问题的内容。

第三，随着我国经济社会与国际接轨程度的提高，国际化和现代化的行业标准、管理标准甚至是国际化的职业资格证书必将被引入高校课程体系建设。

## 第三节　高校课程改革与创新的目标要求和关系协调

高校课程是人才培养目标实现的具体化，高校课程目标能否实现要根据人才培养质量来判断。对于高校教学改革与创新而言，课程设置、课程改革与创新是突破口。高校课程改革与创新只有坚持以人才培养质量为中心、以学生为本、实现多元主体利益诉求的价值取向，才能实现课程设置与人才培养目标相适应、完善课程实施过程的支持体系、实现多元主体的管理目标协同的目标要求，进而实现高校教学改革与创新。与此同时，在高校课程改革与创新过程中，还需要协调好与高校课程改革与创新密切相关的几方面关系。

### 一、高校课程改革与创新的目标要求

科学合理地确定目标定位，既是实现最终价值的重要中间过程，又是高校课程改革与创新顺利开展的关键因素。

#### （一）课程设置与人才培养目标相适应

高校课程改革与创新最终服务于人才培养目标的实现。为此，要通过高校课程改革与创新来明确课程设置，从而实现人才培养目标。人才培养的前提条件是不同学科之间的融合与交叉。学科的融合与交叉，不仅是人才培养的重要途径，而且是新知识发展的有效方式。高校应依据自身办学特色及学生兴趣进行课程设置，使其与人才培养目标相适应，满足人才培养需求。课程设置需打破原有的“条块分割”模式，由“以学科群定专业”代替“以专业定学科群”，使课程的知识结构更具结构化和创新化，更容易与学生认知结构体系相关联，促进学生创新思维与价值理念的形成。

随着社会经济发展，高校课程设置与人才培养目标不相匹配的特征凸显，影响着人才培养目标的实现。为此，高校应以通识教育为基础，使专业教育与通识教育相结合、理论与应用相结合、科学与人文相结合、基础与前沿相结合，突破学科之间、专业之间的界限，拓宽专业设置口径，形成综合化的课程结构体系，进一步加强专业调整，完善专业调整机制。这样不仅深化了专业知识，而且丰富了课程内容，为实现人才培养目标打下了坚实的基础。

在世界不同国家的高校课程改革与创新实践中，追求人文教育与科学教育的整合，有利于促进不同知识结构体系的融合与发展，而综合性和基础性的强化始终是高校课程设置的基本选择。

### （二）完善课程实施过程的支持体系

人才培养应渗透于课程实施的全过程，而不应游离于课程实施之外。以学生为本的高校课程改革与创新应遵循现有的教学规律和学生的发展规律，在课程实施过程中，构建以学生为本的高校课程改革与创新体系，把以教师为中心、以灌输式教学为主的课程教学模式转变为以学生为本、以参与互动式教学为主的课程教学模式，给予学生一定的参与权，激发学生学习的积极性，让学生能够畅所欲言、积极思考，促进学生发展。

同时，课程的顺利实施，离不开完善的教学资源支持体系。在以学生为本理念的指引下，通过高校课程改革与创新，整合教学资源，可以使课程教学融入科研，形成教学与科研资源的共享平台，促进人才培养。例如，清华大学提出了综合型、研究型的课程教学模式，将实践教学和科学研究引入课程实施过程中，鼓励学生参与实践活动和科研活动，使第一课堂贯通第二课堂，校内结合校外，实现了教学与科研的资源互补与共享，促进了学生的思维能力、实践能力以及创新能力等方面的全面发展，从而为创新人才培养注入了新血液。

### （三）实现多元主体的管理目标协同

第一，随着社会主义市场经济体制的发展，政府的作用与职能日益显著。政府出资办学是高校发展的主要动力，对高校课程改革与创新具有间接影响。因此，政府的利益诉求需要通过参与高校课程改革与创新来实现。政府通过参与高校课程改革与创新，转变自身的角色定位和职能，成为高校课程管理的“掌舵者”，制定高校课程管理的宏观政策，能够促进高校课程改革与创新，实现人才培养目标，以此获得政府宏观效益。

第二，伴随着社会主义市场经济的转型，高校逐渐拥有了办学自主权，可以自主进行课程管理。实际上，高校的发展离不开教育资源的支撑。因此，高校要通过课程改革与创新，对课程资源加以整合和优化，充分利用和调动一切教学资源，制订科学的教学计划，推行完全学分制，构建弹性选课制，确保课程的多样化和丰富化，满足不同层次人才培养的需求，实现人才培养目标，促进高校自身的发展。

第三，学生是高校培养的对象，是高校的最终“产品”。因此，学生的特殊身份，使其成为高校课程教学中重要的利益主体。高校应给予学生充分的重视，并为学生提供利益表达渠道，如让学生参与高校人才培养方案制订、教学内容选择等，让学生充分表达自己的想法和见解，以发挥他们的主体作用。同时，高校教师是课程教学主体，对高校课程和学生的需求最为了解，是人才培养模式设计不可或缺的利益主体，因此高校也应给予教师充足的权力，让他们参与课程方案制订、课程教学实施以及课程评价等，充分发挥教师的作用，从而提升高校课程教学水平，促进学生和教师的共同发展。

第四，随着高校逐渐拥有办学自主权，高校开始面向社会开放办学。这就要求高校课程改革与创新应顺应社会发展，满足社会发展的需求。也正因如此，社会力量成了高校课程管理的利益主体之一。社会力量可以切实参与高校课程编制和高校课程评价及监督等过程，为高校课程改革与创新及时提供反馈意见，促进高校课程发展，实现高校人才培养目标，满足社会利益所需。

## 二、高校课程改革与创新需要协调的关系

为了培养社会需要的高素质人才，应深化高校课程改革与创新，更新高校课程内容，增加高校课程的人文内涵，推进高校课程综合化，并协调好以下几种关系。

### （一）协调好外来化与本土化、国际化与地域化之间的关系

当今社会，经济发展日新月异，科学技术突飞猛进。高校课程设置、高校课程种类与高校课程知识体系也应跟上时代发展的步伐，使培养出的人才具有国际竞争力，否则就会影响国家科技竞争实力。在高校课程设置方面，一是应注意引进国外具有先进性和前瞻性的课程；二是要充分挖掘和发扬本土课程优势。本土课程大多是比较成熟的、优质的课程，甚至是精品课程。它经过较长时间的建设，无论是师资队伍还是课程内容，都有明显的优势和显著的特点。高校要将它们充分挖掘、发扬光大，并赋予其新的时代特征，使之与地方社会

经济的发展紧密相连。

随着国与国之间的联系与交流日益密切、频繁，国际形势对就业的影响越来越明显、越来越大。在此背景下，对于课程设置，高校必须具有全球化视野，以适应国际化市场的需要。高校具有服务社会的职责，特别是要为地方社会经济发展服务。所以，在设置课程时，要设置一些具有地方特色的课程。学生通过这些课程的学习，有可能获得更多的就业机会。因此，对于课程设置，高校除要具有全球化的视野外，还应充分考虑课程的地方特色。

### （二）协调好传统课程与新课程之间的关系

随着社会和经济的发展，一些新的学科、新的专业不断出现，高校也相应地开设了一些新课程，同时对传统课程进行了改造。对于传统课程，高校要充分挖掘其精华，剔除其糟粕，更新其内容，进行深入研究，使其特色更突出、优势更明显，以形成优质课程或精品课程。对于新课程，高校要选择既具有强大生命力又具有实用价值的课程加以建设、培植，形成优质课程。

### （三）协调好工具价值与人文价值之间的关系

高校的首要任务是培养具有良好社会适应能力的人。高校授予学生学习知识的“工具”，然后学生运用所学的知识，发挥自己的才能，进行有创造性的劳动，从而服务社会、改造社会，实现个人价值与社会价值的统一。与此同时，高校要发挥科学研究的职能，不断创造新技术，发明新成果，满足社会的需要，促进人类的可持续发展。总之，高校要使工具价值和人文价值相互渗透、相得益彰。高校在设置课程、确定人才培养规格时一定要充分了解和科学把握社会结构与生产结构、科学技术发展与应用的总体进程。只有这样，才能更好地满足社会的需要，推动社会发展。

### （四）协调好现代化教学手段与传统教学方法之间的关系

现代多媒体网络技术在教学中的运用，使教学方法发生了很大的改变。运用这种现代化教学手段，课堂中的信息量大大增加，学生能够学到更多的知识；教师的劳动强度也大大减轻，提高了课堂教学效率；教学资源也得到了共享，教学过程也得到了优化。现代化教学手段让学生能够利用网络进行自主学习，教师能够利用网络进行答疑，这是传统教学方法难以做到的。但是，传统教学方法对教师基本功的训练，以及课堂上师生交流互动的气氛、情境、真实感等均是现代化教学手段难以实现的。因此，既不能完全抛弃传统的教学方法，又不能过多地依赖多媒体技术，要充分发挥两者各自的优势和长处，共同为育人服务。

## 第四节 高校课程改革与创新的具体措施

随着全球化和信息化的不断深入，知识更新的速度日益加快，行业需求的多元化以及学生个性化发展的需求日益增长，传统的高校课程已难以满足培养具有国际视野、创新精神和实践能力的高素质人才的需求。因此，高校课程改革与创新成为提升教育质量、促进学生全面发展、增强学生就业竞争力的关键路径。本节旨在探讨高校课程改革与创新的一系列具体措施，激发学生的主动学习热情，培养其批判性思维、解决问题的能力以及持续学习的习惯，从而为社会输送更多能适应未来挑战的创新型人才。

### 一、更新课程观念，重构课程目标

传统课程观念的核心往往聚焦于知识的传授与技能的训练，认为通过系统的学科体系，学生就能够积累起足够的知识储备和技能基础，从而在未来的工作和生活中游刃有余。然而，在当今这个知识爆炸、技术迭代加速的时代，信息的海量增长与快速更替使得单纯的知识积累已不再是衡量人才价值的唯一标准，甚至是远远不够的。面对日新月异的社会变迁和复杂多变的职业挑战，学生需要具备的能力远不止于记忆和复述书本知识，更重要的是如何运用所学知识去分析、判断、创造，以及如何在快速变化的环境中持续学习，适应并引领变革。

因此，更新课程观念，意味着需要从根本上转变教学的出发点和落脚点，从以往过分关注“教什么”的内容层面，转向更加重视“如何教”的方法层面，以及“教的效果如何”的评价层面。这不仅是对教学内容的简单调整，更是对教育理念的深刻变革，它要求教师不仅要传授知识，更要教会学生如何学习、如何思考、如何创新。

重构课程目标，则是这一观念在实践层面的具体体现。新的课程目标不再仅仅满足于学生掌握某一学科的基础知识和技能，而是更加注重培养学生的综合素质，包括批判性思维、创新能力、团队合作与沟通能力，以及终身学习的习惯等核心素养。这意味着高校课程需要打破传统的学科壁垒，超越单一学科知识的局限，融入跨学科的知识与方法，鼓励学生通过跨学科的学习与实践，拓宽视野，增强综合应用知识的能力。

同时，新的课程目标还应紧密对接社会发展的实际需求，特别是要敏锐捕捉新兴行业与未来职业的发展趋势，确保课程内容的前沿性和实用性。通过引入行业前沿技术、案例分析、模拟实践等，使学生在学习期间就能接触最新的行业动态和技术发展，了解未来职业所需的能力和素质，从而为其未来的职业生涯打下坚实的理论与实践基础。这样的课程目标，不仅有助于提升学生的就业竞争力，更能激发他们对未来职业的热情与期待，为他们的长远发展奠定坚实的基础。

## 二、更新课程内容，调整课程结构

积极更新课程内容与适时调整课程结构，作为提升教育质量、紧密贴合时代需求的核心策略，正逐步成为高校课程改革与创新的重要风向标。这一深刻变革的初衷，在于打破长期以来束缚高校教学改革与创新的传统框架，通过引入最前沿的学术知识、尖端的技术应用以及丰富的实践经验，确保每一位学子都能站在时代的前沿，掌握最新、最具实用价值的学术成果与行业趋势。

更新课程内容，绝非简单的知识堆砌，而是一场对教师专业素养与前瞻视野的深度考验。它要求教师不仅要具备扎实的专业基础，能够深入浅出地讲解学科核心概念，更要具备敏锐的洞察力和不懈的学习精神，时刻关注学科前沿动态，及时捕捉并精准筛选那些能够引领未来、激发学生潜能的优质内容。同时，这一过程还强调跨学科知识的融合与贯通，鼓励教师打破专业界限，引导学生跨越学科壁垒，在广泛的知识海洋中自由探索，培养他们综合运用多学科知识解决复杂现实问题的能力，从而在未来的职场竞争中占据先机。

调整课程结构，则是对学生能力培养体系的一次全面优化与升级。它不仅是对必修课与选修课比例的简单调整，更是对教学模式与学习方法的一次深刻变革。通过大幅增加实践环节、项目式学习、团队合作等新型教学模式的比重，可以激发学生的创新思维与批判性思考能力，培养他们面对复杂问题时能够迅速找到解决方案的实战能力。此外，课程结构的调整还充分考虑学生的个性化需求与兴趣导向，提供多样化的学习路径与广阔的发展空间，鼓励每位学生根据自己的职业规划与兴趣爱好，灵活选择最适合自己的学习方向，从而在差异化成长的道路上越走越远，最终成长为既有深厚专业功底，又具备广泛兴趣与独特视角的复合型人才。

## 三、完善课程决策，改进课程管理

### （一）充分调动广大教师参与课程决策的积极性

教师是课程的直接实施者，对课程决策具有充分的发言权，因此高校应该保证教师能够作为主导成员参与课程决策。但目前的情况并非全然如此，主要表现在以下几个方面：第一，教师通常缺乏课程决策的意识，上面怎样说，自己怎样做；第二，教师参与课程决策的程度非常有限；第三，教师缺乏参与课程决策所需要的知识储备，常以自己所教课程为本位，缺乏全面通观的眼光。

要想改变这种局面，除对教师宣传参与课程决策的重要性之外，还必须就新课程观对教师进行培训。高校非师范类、非教育类专业的教师很少自主探讨“新课程理念与创新”，教学管理部门也很少组织这方面的培训。其实，高校教师同样涉及终身教育的问题，这种终身教育应包括教育理论的学习与实践能力的提高。在高校教师评价体系失衡的现实下，终身教育显然不为教师所重视，这是一个很严重的问题。因此，高校更应该让教师树立全新的课程理念，激发其参与课程决策的热情，提高其参与课程决策的能力。

在新的课程设置中，专业课程的学时大量缩减，教师抵触情绪较大，对教学内容任意取舍的现象非常普遍。如果教师真正认识到了高校课程改革与创新的必要性，克服了预定角色的自我本位思想，认真参与课程建设，就可以解决上述问题。教师参与课程决策，可采用群体审议的方式，坚持民主与集中相统一的原则。

### （二）让学生与社会在课程决策中具有发言权

为社会培养合格人才是高等教育的一个重要目标，因此课程决策要体现民主性，就应该让社会与学生拥有足够的发言权。

我们知道，绝大多数学生在进入高校之前，并不了解自己所要学习的专业课程，更不了解课程知识，常出现学非所愿的情况。虽然进入高校之后，还有重新选择专业的机会，但这样的机会并不是每一个想要改选专业的学生都能拥有的。探究其中的根源，在于处于高墙内的高校与社会的隔阂太大。高校应该打开大门，让社会对高校的办学理念、政策措施、专业及课程设置等拥有更多的知情权和参与权，并主动地与学生、社会建立良好的互动关系，了解与研究社会、学生之所需，听取多方意见，避免课程决策失误。

此外，民主化的课程决策应在课程实施过程中让其保持足够的弹性空间。

比如，学生应该有自由选择课程的权利，即使是必修课，也应该在一定制度的保障下，允许学生有选择地采用自行修习、接受考核的方式。

### （三）实行多层级、协调统一的课程管理

实行多层级、协调统一的课程管理，已成为当前确保高校教学质量稳步提升、灵活适应快速变化社会需求的核心策略。多层级、协调统一的课程管理模式的构建，不仅能够通过精细化、系统化的课程设计与管理流程，实现高等教育资源的高效配置与最优利用，而且致力于保障课程内容的时代性与实用性，确保学生无论处于哪个学习阶段或拥有何种学习需求，都能获得最适合自身发展的教育支持。

多层级课程管理模式的实施，意味着在课程规划、实施、评估及反馈的全生命周期中，建立从校级管理层到院系级管理层，再到具体教学团队的分级管理体系。校级管理层作为战略决策的核心，负责确定课程改革的长远规划与总体目标，确立相关政策导向与评估标准，同时对整个课程体系的运行状况进行宏观监督与调控。院系级管理层则根据各自学科的特点与专业发展的需求，进一步细化课程设置，优化课程结构，确保课程内容既紧跟学科前沿，又切实服务于学生的专业成长与未来职业发展。教学团队作为课程管理的直接执行者与反馈者，则承担着课程日常教学的重任，包括教学内容的创新、教学方法的改进、学生学习成效的评估等。他们的工作成效直接决定了课程管理的最终效果。

协调统一的课程管理，不仅要求各层级之间信息的畅通无阻，确保校级决策能够迅速传达至院系与教学团队，同时也强调基层的教学反馈与问题能够及时上报，形成上下联动、反馈迅速的管理机制。这一机制确保了课程管理的灵活性与响应速度，能够迅速适应外部环境的变化与内部需求的调整。此外，协调统一的课程管理还体现在课程资源的共享与高效利用上。通过搭建统一的课程资源库，可以实现优质教学资源的集中存储与高效共享，避免教学资源的重复建设与浪费，提高教学资源的利用效率与价值。

在实施多层级、协调统一的课程管理过程中，课程评价体系的完善与多元化同样至关重要。通过建立科学合理的课程评价标准，采用多样化的评价方式，如学生满意度调查、同行评审、专家评估等，全面、客观地反映课程教学质量与效果，能够为课程的持续改进与优化提供科学、可靠的依据。同时，鼓励教师与学生共同参与课程评价，不仅有助于增强评价的全面性与准确性，更

能够形成教学相长、共同进步的良性循环，促进教育质量的持续提升。

## 四、运用大数据思维促进高校课程改革与创新

运用大数据思维促进高校课程改革与创新，是一个深度融合现代信息技术与高等教育理念，旨在全面提升高校教学质量、优化高校教学资源配置、精准满足学生个性化学习需求的重要策略。这一策略的实施，不仅要求高校具备先进的数据处理与分析能力，还需要教师具备前瞻性的教育视野和创新性的教学理念。

### （一）深入洞察教育数据，科学调整课程结构

#### 1. 开展多维度数据分析，精准定位课程需求

通过充分运用大数据技术，能够对学生的广泛学习行为、细致的成绩分布情况以及多样化的兴趣爱好等多维度数据进行深度挖掘与全面分析。这一过程不仅涵盖了学生在课堂上的表现、学生课后作业的完成情况，而且包括学生参与课外活动的频率、在线学习资源的利用情况等丰富信息。高校借助先进的数据处理工具和算法，能够精准地定位到不同专业背景、不同年级层次学生在学习过程中遇到的具体需求与潜在痛点。

例如，对于理工科专业的学生，大数据分析可能揭示出他们在理论学习与实践操作之间的衔接上普遍存在的难题，而对于文科类学生，则可能发现他们在阅读理解与批判性思维培养方面的需求较为迫切。同时，针对不同年级的学生，大数据分析也能帮助高校理解新生在适应大学生活与学习方法转变上的挑战，以及高年级学生在毕业论文撰写、职业规划等方面的具体需求。

这些细致入微且精准的分析结果，可以为高校课程结构的优化提供坚实的科学依据。这意味着高校能够更加合理地安排课程内容，确保理论与实践的有机结合，调整教学难度以适应不同学生的能力水平，同时引入更多符合学生兴趣爱好的教学资源，以激发他们的学习动力与创造力。此外，还可以根据大数据分析结果设计出更加个性化的学习路径，为每位学生量身定制最适合他们的学习方案，从而有效提升整体教学质量与学生的学习成效。

#### 2. 采用数据驱动的课程设计，提升课程吸引力

在课程设计的过程中，深入应用大数据分析的结果，以数据为驱动，对高校课程内容进行持续且动态的调整，旨在增强高校课程的吸引力，同时确保学生能够高效地获取到他们真正需要的知识与技能。这一策略的核心在于，通过

细致的数据洞察，捕捉到行业发展的最新趋势、学生兴趣的变化以及市场对于特定技能的需求，从而将这些前沿信息融入高校课程。

具体来说，高校根据大数据分析的结果，可以有针对性地增加一系列具有前瞻性的课程模块。这些课程模块不仅要覆盖新兴技术、新兴行业的发展动态，还要融入对于未来职业市场趋势的预测，确保学生能够站在时代的前沿，掌握引领未来的关键知识与技能。同时，高校也要注重课程的实用性，通过大数据分析识别出那些在实际工作和学习中最为常用的知识点和技能，将其融入课程设计，让学生在课程学习中就能接触到真实世界的应用场景，提升他们的实践能力和解决问题的能力。

此外，高校还可以根据大数据分析的结果，对课程的安排进行优化。通过对学生学习路径和学习节奏的分析，高校可以调整课程的先后顺序和课时分配，确保学生能够按照最适合他们的节奏，逐步构建起完整的知识体系。同时，高校也可以引入更加灵活多样的学习方式，如翻转课堂、在线协作等，以激发学生的学习兴趣，提升他们的自主学习能力。

### 3. 开发智能课程推荐系统，实现个性化学习路径

教育领域正积极探索并实践智能技术的应用，其中开发智能课程推荐系统是一项关键举措。这一系统旨在根据每位学生的学习习惯、兴趣偏好以及当前的学习进度，为他们量身定制一套个性化的学习路径，从而极大地提高学习效率与学习满意度。

智能推荐系统的核心在于其强大的数据分析与处理能力。它首先会收集并分析学生在学习平台上的行为数据，包括但不限于他们浏览的课程、参与的讨论、完成的作业、考试的成绩以及他们在学习过程中的互动情况。通过对这些数据的深入分析，系统能够构建出每位学生的学习画像，精准描绘出他们的学习习惯、兴趣所在以及在学习上的优势与短板。

基于这样的学习画像，智能推荐系统能够为学生推荐最适合他们的课程与学习资源。对于喜欢挑战、追求深度的学生，系统会推荐更具挑战性的高级课程或研究项目；而对于喜欢探索、喜欢多样化的学生，系统则会推荐涵盖多个领域的交叉学科课程或实践项目。同时，系统还会根据学生的学习进度，动态调整推荐内容，确保学生能够在适合自己的节奏下，逐步掌握所需的知识与技能。

除了课程推荐，智能推荐系统还能够为学生提供个性化的学习建议。例如，根据学生的学习情况，系统会建议他们参加哪些学习小组、参与哪些线上

讨论，或是观看哪些教学视频，以帮助他们更好地理解课程内容，提高学习效率。此外，系统还会定期评估学生的学习成效，为他们提供反馈，并根据反馈结果调整推荐策略，确保学习路径的持续优化。

### （二）促进高校课程共享

#### 1. 建立高校课程整合与共享平台，打破“信息孤岛”

建立统一的高校课程整合与共享平台，对于提升高校教学质量、优化高校教学资源配置、促进学术交流具有重要意义。这一平台的建立，旨在实现校内外课程的无缝对接与高效利用，彻底打破部门间、学科间的信息壁垒，推动教育资源的优化配置与共享。

首先，课程整合与共享平台将校内各学院、各部门以及校外的教育机构、研究机构的课程资源进行统一整合。这包括但不限于各类专业课程、通识教育课程、实践课程、在线开放课程等，确保学生与教师能够轻松访问到丰富多样的课程资源。通过标准化与规范化的数据处理，平台确保了课程信息的准确性、完整性与一致性，为后续的资源共享与利用提供了坚实的基础。

其次，平台打破了部门间、学科间的信息壁垒，实现了课程资源的跨领域、跨校际共享。这意味着，无论是理工科的学生还是文科的学生，都能够轻松获取到不同学科领域的课程资源，拓宽他们的知识视野，促进跨学科的学习与研究。同时，校外的优质课程资源也能够通过平台引入校内，为学生提供更多元化的学习选择。

再次，课程整合与共享平台通过数据分析与挖掘，实现了课程资源的优化配置。平台能够根据学生的学习需求、兴趣偏好以及学习进度，为他们推荐最适合的课程资源，从而提高学习效率与学习满意度。同时，对于教师而言，平台也提供了丰富的课程资源与教学策略参考，帮助他们更好地设计教学方案，提升教学质量。

最后，课程整合与共享平台还促进了教育公平与质量的双重提升。通过平台的资源共享与优化配置，不同背景、不同需求的学生都能够获得更加公平、优质的教育资源，缩小教育差距，提升整体教育质量。同时，平台也促进了学术交流与合作，为教师与学生提供了更多与国际接轨、与前沿研究对话的机会。

#### 2. 利用大数据驱动高校课程开发

在教育信息化快速发展的当下，大数据技术为高校课程开发带来了前所未有的机遇。通过深度挖掘与智能分类海量教学资源，高校能够更加精准地把握学生的学习需求与兴趣偏好，开发出真正符合学生需求的高质量课程，推动教育质量的全面提升。

大数据技术在高校课程开发中的应用，首先体现在对教学资源的深度挖掘上。高校可以收集并分析来自不同渠道、不同形式的教学资源，包括但不限于教科书、学术论文、在线课程、教学视频、实验数据等，通过运用大数据算法与模型，对这些资源进行深度解析，挖掘出其中的知识点、技能点以及潜在的学习路径。这一过程不仅可以帮助高校识别出哪些资源是高质量的、哪些资源是冗余的，还能够揭示出不同资源之间的关联性与互补性，为后续的课程设计与开发提供有力支持。

其次，大数据技术在课程开发中的另一个重要应用是智能分类。我们根据教学资源的内容、形式、难度等特征，运用机器学习算法对其进行智能分类与标签化。这一过程使得我们能够快速、准确地找到符合特定学习需求与目标的教学资源，为课程的个性化设计与开发提供便利。同时，智能分类还有助于我们构建起一个结构清晰、易于导航的课程资源库，为学生与教师提供更加便捷、高效的学习与教学体验。

在大数据技术的驱动下，高校课程开发变得更加精准、高效与个性化。高校不仅能够根据学生的学习需求与兴趣偏好，开发出符合他们期望的高质量课程，而且能够通过数据分析与反馈机制，持续优化课程内容与教学策略，提高教学质量与学习效率。此外，大数据技术还为教师提供了更加全面、深入的学生学习画像，帮助教师更好地理解学生的学习行为与成长轨迹，为课程决策提供更加科学的依据。

# 第五章　高校实践教学体系的改革与创新

实践教学是高校教学的重要组成部分，随着社会发展对高校学生实践能力的要求不断提高，实践教学在高校教学中的占比也不断提高。实践教学是相对于理论教学的一种形式，同时也离不开理论教学的指导。实践教学既来源于理论教学，又基于理论教学。学生利用理论知识指导现场操作模拟，可以巩固其所学理论知识，提高实践操作能力，发挥其主动性和创造性，最终实现学习目标。高校往往会根据企业的人才需求标准，自主确定人才培养目标或与企业共同确定人才培养目标，并以特定的项目训练为主要形式，以校企合作培养方式为教学载体开展实践教学，其本质是以促使学生掌握相应岗位的技能、提高职业能力和职业素质为目的的教学活动。目前，高校普遍开展的实践教学主要有实验、实训、实习等形式。

高校实践教学体系的概念有广义和狭义之分。广义的高校实践教学体系是指由实践教学的各要素构成的有机联系的整体，具体包含高校实践教学的目标、内容、管理和质量保障等要素。狭义的高校实践教学体系则是指高校实践教学内容体系，即围绕人才培养目标，在制订教学计划时，通过合理的课程设置和各个实践教学环节的合理配置，建立起来的与理论教学体系相辅相成的以实践为显著特征的教学内容体系。

受多种因素影响，当前我国高校实践教学体系还不够完善，其实践育人作用没有完全发挥出来。因此，本章对高校实践教学体系的改革与创新进行了探究。

# 第一节 高校实践教学的现状与问题

近年来，我国各高校纷纷加大了对实践教学基地的建设和投入，以改善实践教学条件，积极开展实践教学体系改革与创新。这不仅有效促进了学生实践能力和创新能力的提升，还为拔尖创新人才的培养奠定了坚实基础。然而，在高校实践教学体系改革与创新的探索阶段，高校实践教学仍然存在着一些问题，具体表现如下。

## 一、教师的实践教学能力比较缺乏

实践教学是理论与实践相结合的教学，是学生在教师的指导下积极主动地参与教学过程，并在实践过程中检验所学理论，提高分析问题、解决问题的能力的教学。从一定程度上说，实践教学对教师提出了更高的要求。教师的教学任务并不是教授给学生更多的知识，因为知识是浩瀚且无止境的，教师最主要的教学任务是教授学生把学到的知识转化为获取知识的能力。也就是说，教师应该引导学生提高探索未知知识、增强获取新知识的能力。实践教学实际上是一个教学相长的过程。

传统的高校教学更多的是把教材中的内容灌输到学生头脑当中，让学生感觉知识是死的，必须靠死记硬背的方式来获得知识。这种教学情况会导致很多学生认为知识是枯燥乏味的、没有生机的，从而对学习产生一种厌烦情绪，不利于高校教学效果的增强。所以教师要积极开辟“第二课堂”，让学生亲自参与实践教学。这就对教师的实践教学能力提出了极大挑战。主要包括以下几方面。

第一，教师的组织能力。每个学生的学习基础、接受程度都不同，在实践教学过程中，如何调动学生的积极性，让每一位学生都能参与实践教学是一件值得考虑的事情，对教师的组织能力提出了挑战。

第二，教师的人际交往能力。校外的实践需要得到校领导的支持、学生家长的支持、校外实践教育基地的支持，因此对教师的人际交往能力也提出了挑战。

第三，教师的随机应变能力。进行实践教学，需要设计实践教学方案，考虑可能出现的突发情况，这就对教师的随机应变能力提出了挑战。

第四，教师整合教学资源的能力。教师要想开展实践教学，就需要有充足的实践教学资源，这对教师收集教学资源、整合教学资源的能力提出了很大的挑战。

第五，教师的实践教学经验。教师尤其是刚入职的年轻教师，社会阅历较少，实践经验缺乏，大多数处于摸着石头过河的阶段，容易对实践教学的实效性造成影响。

第六，教师有关实践教学的理论知识。实践教学的开展需要相关理论的支撑，如马克思主义的实践观具有深刻的理论指导意义。许多教师迫于教学压力和繁忙的教学任务，对实践教学相关理论的研究不深刻，难以把理论运用到具体的实践教学情境中，势必会影响实践教学效果。

## 二、实践教学的开展难度较大

通常情况下，课内的实践教学容易开展，课外的实践教学开展难度相对较大，对教师提出了很大的挑战。

第一，很多高校开展实践教学要进行申请，有的高校财政紧张，即使教师申请，也有可能面临被拒绝的风险，导致实践教学难以开展。

第二，实践教学的形式包括课内实践教学和课外实践教学。实践教学的形式不同，实践教学的开展空间也不同。课内实践教学的开展空间是教室，课外实践教学的开展空间是校园或社会。在校内开展实践教学，各个方面都好协调，而在校外开展实践教学，比如参观博物馆、参观爱国主义教育基地等，需要高校领导和相关负责人进行沟通。有些单位不愿意增加工作量，会拒绝实践教学的开展。实践教学需要社会、政府、高校等多方面的支持，从目前的状况来看，实践教学的开展不是很理想。

第三，实践教学的开展是一项耗费时间的工作，需要教师和学生做好前期的准备工作，在实践过程中做好各方面的引导，在实践教学之后做好总结反思。目前，教师处于备课、上课、课后批改作业、辅导学生的繁忙工作中，再加上教师承担较重的教研任务，在基本的教学工作完成以后，根本没有多余的时间开展实践教学活动。

第四，实践教学尤其是校外的实践教学，具有很大的不确定性，需要教师做好充足的准备，设计详细的实践教学方案。比如，参观爱国主义教育基地这样的实践活动，仅仅依靠一名任课教师是无法完成的，需要协调各方力量，得到政治教研组、校领导、学生、家长和爱国主义教育基地的支持。这样一个复杂的教学环节，对教师各方面的能力都提出了很大的挑战。学生往往活泼好动，对周围的一切事物充满好奇心。在爱国主义教育基地这样一个大型场所，如何组织学生才能确保他们的安全，如何组织学生才能让学生学到知识，都是需要考虑的问题。

## 三、学生的主体性没有得到充分发挥

在实践教学过程中，有的学生想要以班级为组织形式参与实践教学，有的学生想要以小组为组织形式参与实践教学，有的学生想要和自己的好朋友一起参与实践教学。学生的需求是多样化的，但是教师要站在全班学生的角度考虑问题，不可能满足每一位学生的想法，从而影响了学生参与实践教学的热情，使学生的主体性得不到充分发挥。学生主体性没有得到充分发挥，具体表现为：一是学生参与实践教学较为形式化，学生只是按照教师的设想，跟着教师的步骤进行实践，只是形式化地参与实践教学。二是学生参与实践教学较为片面化，一方面表现为只有个别学生参与实践教学；另一方面表现为学生只有身体参与实践教学，缺乏思维和情感的投入，存在游离于实践教学之外的现象。

实践教学强调学生是主体，但是并不意味着否定教师的作用，教师的主导作用也是必不可少的。教师主导并不是压制学生，而是为了更好地成全学生的主体地位。教师在实践教学中有目的、有意识地帮助学生对知识进行处理，可以促进学生获得新的认识，推动学生主体认识能力的发展。

## 四、实践教学管理工作有待完善

现如今，我国高校绝大多数实践教学管理人员都未能充分了解信息化的概念，更未能深刻地认识到构建实践教学信息管理平台的重要性，依旧沿用传统落后的教学思维开展实践教学管理工作，无法满足学生在新时代的文化需求。部分高校虽然建立了实践教学信息管理平台，但是由于认知不够深入，实践教学信息管理平台流于形式，无法在实践教学管理中发挥出真正的作用。除此之外，高校缺少完善的现代化管理机制，导致实践教学管理人员以敷衍的态度应对实践教学管理工作，更有甚者忽略了现代化管理机制的要求，并未对建立的机制进行全面而又系统的了解，更不必谈充分运用实践教学信息管理平台，从而导致实践教学信息管理平台无法进行实时更新，致使整体的实践教学管理工作效率低下，在一定程度上阻碍了学生享受先进的教育，对高等教育事业的发展造成不利影响。

另外，实践教学管理工作具有多样性，必然会加重实践教学管理人员的工作任务，因此高校需要一支综合素质过硬的实践教学管理团队进行实践教学管理。除此之外，高校内部管理者在进行实践教学管理工作时所采用的管理模式较为落后，忽视了实践教学信息管理平台的实际作用，长此以往必定会对高校的发展产生严重的影响。比如，在实践教学资源分配方面出现问题以及无法培养出具有综合素质的人才，进而制约高校实践教学管理工作顺利且高效的运行。

## 五、实践教学的目标设定、过程监督和产出考核脱节

根据教学系统的运行特征，实践教学涵盖教学目标设定、过程监督和产出考核等管理模块，其协同程度直接影响实践教学的科学性和有效性。当前高校实践教学目标设定、过程监督和产出考核脱节的情况较为普遍，尤其体现在课题实践和实习实训环节。在综合性课题实践中，课题调研和成果撰写等阶段往往疏于监管，教师难以有效掌控课题进展及报告撰写质量，部分学生也抱着一种“凑热闹”的心态参与研究，而且考核指标和标准不明晰，学生难以从结果反馈中获得更多有价值的考核信息。在实习实训环节，高校过于关注实习实训数量而缺乏对学生的跟踪考察，导致实践教学的最终结果往往偏离了最初的实践教学目标。综上所述，实践教学的目标设定、过程监督和产出考核等管理模块协同性缺失，导致实践教学缺乏必要的引导和监督，也缺乏对考核结果的系统诊断和改进建议，必然会对实践教学质量乃至人才培养质量产生负面影响。①

## 六、实践教学质量控制责任虚化

培育符合时代要求的高素质人才是高校人才培养的根本目标，既要求高校在确定教学目标时尽可能地满足社会需要，又要求高校保证实现教学目标的每个环节的质量。对实践教学的质量控制有助于学生将理论知识内化于个性化的知识框架中，全面提升实践应用能力和创新创业能力，故而明晰高校实践教

① 刘振海，祖强，张长森，等. 地方本科高校实践教学体系改革的研究[J]. 实验室研究与探索，2023，42（6）：215-218，242.

学质量控制责任成为贯穿实践教学始终的重要内容。然而，当前高校实践教学质量控制责任的模糊性特征突出，集中反映在课题实践和实习实训的部分环节中。课题实践重视有组织的课题申报，但获得申请后的课题调研和撰写报告环节往往表现出一种弱组织化的状态，资源支持和工具指导明显不足，造成课题完成度虽高，但课题产出质量难以得到保障。在实习实训环节，高校则往往将注意力放在与政府、企业的前期沟通与谈判上，重视前期的牵线搭桥，热衷于合同签订，往往不太重视与政府或企业的后期沟通与共建，导致实习实训过程监管的制度化设计和组织化参与程度较低，实习实训需求衔接和沟通不足，忽视了跟踪指导和反馈，最终造成实习实训过程缺乏质量控制。通常实习单位会默认给予学生正向的评价，导致考核不可避免地流于形式。可见，尽管实践教学的不同阶段有不同的参与主体，但彼此责任不明也会导致实践教学的质量控制责任极其虚化。

## 七、教师对学生的协同指导不足

人们通常将实践教学理解为学生在教师的指导下，借由模拟仿真、现场体验、课题研究和社会活动等实践环节，理解知识、发展技能和提升能力。可见，教师在实践教学中具有不可替代的重要作用。一般而言，校内导师和校外导师在课堂实践、课题研究、实习实训中协同指导学生。但在实际的实践教学中，校内外导师协同性差、协同指导不足的情况较为常见。一方面，在实习实训环节建立实践教学“双导师”制已经成为多方共识，即高校配备校内指导教师，同时在实习单位配备具有丰富实践经验的现场指导教师。这样的协同互补弥补了校内指导教师实践性不强、校外指导教师理论性较弱的缺点。但是，在实际的实践教学中，“双导师”制较难落实，高校难以派出教师全程跟踪指导，而校外导师也难免以本职工作为重，疏于指导。另一方面，综合性实践课题涉及不同学科领域的知识，因而跨专业导师对学生的协同指导很有必要。但是，目前师生之间的沟通模式主要是单一交流，难以帮助学生建立起系统性的课题研究逻辑，影响实践教学效果。

## 八、“校府企”协同培育机制不健全

构建“校府企”协同培育机制旨在综合运用高校、政府、企业的资源，充分发挥各自的优势，实现协同互补。但是，当前的“校府企”协同关系尚不顺畅，协同培育功能亦尚未充分发挥。首先，一些实践教学基地建设缺乏长效性和稳定性。现有的“校府企”在实践教学基地建设方面的合作，基本上建立在熟人关系而不是组织关系的基础上，一旦相关领导离任，协同关系就很容易破裂，难以为继。其次，当前“校府企”之间缺乏有效的需求调研和沟通。“校府企”毕竟是不同利益主体，这决定了其参与实践育人的具体目的有差异。高校旨在促使学生将理论与实践相结合，提高学生运用理论知识分析和解决现实问题的能力，而外部协同主体则融合了公益性、吸引和留住人才以及顶岗实习等多样化的考虑，因而有必要在正式实习实践之前进行充分沟通，协同彼此需求。但是，当前“校府企”并不注重前期双方实际需求的调研分析，也未建立协同跟踪反馈和协同考核机制，导致实践教学的效果难以体现。

## 第二节　高校实践教学基地的建设

实践教学对于提高学生的综合素质、培养学生的创新精神与实践能力有特殊的作用。高校实践教学基地是具有一定规模且相对稳定的供学生参加实践教学的场所，为学生完成实验、见习、实习、实训、毕业论文（设计）、社会实践提供了必要的条件和服务，是实施实践教学的基本条件，它的建设和管理直接关系到实践教学的质量。

### 一、高校实践教学基地的分类

高校实践教学基地有各种不同的类型。按其所处位置，可分为校内高校实践教学基地、校外高校实践教学基地；按其包括的学科数量，可分为单科性高校实践教学基地和多学科综合性高校实践教学基地；按其性质，可分为教学型高校实践教学基地、教学科研型高校实践教学基地、生产教学型高校实践教学基地等。本书仅对校内高校实践教学基地和校外高校实践教学基地作简要分析。

#### （一）校内高校实践教学基地

高校实践教学任务繁重，为了确保高校实践教学任务的完成，必须建立一个稳定的、高质量的校内实践基地，使之成为教学、科研、实践相结合的多功能基地。校内高校实践教学基地就是各教学单位根据专业特点，依托校内的实验中心（综合实验室）、机关单位，经高校批准建立的实践教学场所。与校外高校实践教学基地相比，校内高校实践教学基地具有以下优点。

1. 就近方便

校内高校实践教学基地由于设在校内，与教室距离相近，使技能训练十分方便快捷。特别是对于一些耗时较长或有一定时间间隔的技能训练项目，在校内高校实践教学基地进行训练非常方便和易于安排。

2. 保障性强

校内高校实践教学基地大多是由高校投资建设的，实习、实训设备完全可以根据实践教学的需要而随时增购，实习、实训项目也完全可以根据实践教学的需要而设立。在高校因特殊情况需要调整实践教学计划，或校内高校实践教学基地因故不能安排实践教学任务时，高校也很容易做出适时调整，从而有效地满足实践教学的需要。

3. 便于管理和控制

校内高校实践教学基地可以根据高校实践教学的需要做出长远规划，有目的、有计划、有组织地加强建设。同时，可以根据高校专业设置、教学任务的变化做出适当调整，以更好地满足高校实践教学的需要。

### （二）校外高校实践教学基地

校外高校实践教学基地是指由高校有关部门、教学单位根据不同专业和学科特点，选择具备相应实践教学条件的企事业单位、科研机构，在双方平等协商的基础上建立的具有一定规模，能够满足学生实习、培训、社会实践、创新等需求的相对稳定的场所。校外高校实践教学基地是高校实践教学的重要场所，是学生职业素质提高、职业道德形成、专业能力提升的重要途径，是高校实现人才培养目标的重要环节，对学生的实践能力、创新精神以及创业精神的培养具有十分重要的作用。与校内高校实践教学基地相比，校外高校实践教学基地具有以下优点。

1. 人才培养更易与社会需要接轨

校外高校实践教学基地大多是医院、有关政府部门、企事业单位、科研机构等单位，学生到这些单位进行实习、实训，可以直接了解用人单位对人才的要求。高校也可以根据这些用人单位对人才的要求，对人才培养环节进行合理的调整。因此，校外高校实践教学基地成为高校与社会联系的桥梁和纽带。

### 2. 实践技能训练环境更真实

由于校外高校实践教学基地本身就是实际生产场所，学生在校外高校实践教学基地所进行的技能训练本身就是生产过程中的重要一环。因此，在校外高校实践教学基地，学生接受实践技能训练的环境更加真实。

### 3. 功能更全面

校外高校实践教学基地可以对学生进行基本技能的训练，但更重要的是可以培养学生的设计开发能力并增强学生的创新精神。校外高校实践教学基地往往既是教学基地，又是科研基地，还是新技术、新产品的研发基地。这种“产学研”相结合的复合型基地，融教学、科研和技术开发为一体，可以使学生较早地参加科研活动，较早地接触到新技术、新产品、新方法，认识、了解本学科、本行业的一些最新发展动态，或是从中找到一些自己今后的研究目标和工作方向，启迪创新的火花。校外高校实践教学基地不仅可以提高学生的专业基本技能，而且可以培养学生的设计开发能力，增强学生的创新精神和创新能力，对学生全面素质的提高起到综合性的作用。

## 二、高校实践教学基地的功能

高校实践教学基地是高校培养应用型人才的重要场所和有效渠道，在教学、科研和服务社会方面有着十分重要的功能。

### （一）提高应用型人才培养质量

高校实践教学基地提高应用型人才培养质量的这一功能是由高校人才培养目标和人才培养模式决定的。高校的人才培养目标之一是为国家和地方经济社会发展培养适应生产、管理、服务一线需要的高级应用型专门人才。这种应用型人才最重要的特点，就是具有很强的理论应用能力，具有在生产、管理、服务一线工作的实践能力。这种实践能力不完全是靠课堂上的理论教学培养出来的，更重要的是靠实践教学来培养。

高校为了培养学生的实践能力，必须形成独特的人才培养模式。在高校特有的人才培养模式中，为了培养学生的实际动手能力和创新精神，就必须建立满足学生实习和实训需要的高校实践教学基地。高校实践教学基地是高校人才培养模式的重要组成部分，为高校实践教学各环节的实施提供了重要条件，是学生将理论知识向实际应用转化的重要场所，也是学生获得实践技能的重要场所。

正是通过在高校实践教学基地的实习、实训，学生不仅提高了专业技能水平，提高了实际动手能力，而且培养了创新精神，增强了合作意识、团队意识，增进了对社会的了解，获得了未来职业的体验。

### （二）开展“产学研”合作

高校实践教学基地既是教学基地，又是“产学研”合作基地。“产学研”合作是高校培养应用型人才的有效途径。通过“产学研”合作，学生可以在“学中干”，在“干中学”；在探索中学习，在学习中探索，使自身的综合素质得到全面提高。

“产学研”合作也是高校为社会服务的重要途径。通过“产学研”合作，相关工厂、企业可以从高校获得先进技术的支持，从而开发新产品、新技术，开辟新的服务领域和新的市场，推动企业不断创造新的业绩。

高校实践教学基地就是“产学研”合作的平台。在这个平台上，企业的需求代表着社会的需求，既提出了人才培养的素质要求，又预示着新产品、新技术开发的方向。高校在这个平台上，既要完成人才培养的任务，又承担着为社会服务的职能，同时要实现科研水平的提高。

### （三）拓展学生就业空间

就业乃民生之本，同时就业也是高校人才培养的重要导向。高校教学质量的高低和学生社会适应能力的高低，在很大程度上决定了学生就业率的高低。开辟多种就业渠道，建立稳定的就业基地，是提高就业率的重要举措。高校实践教学基地的实习实训科目与企业的生产实际密切相关，学生在高校实践教学基地接受的技能训练等于是预先接受了岗前培训。因此，在高校实践教学基地经历过实习实训的学生更符合企业的用人需要。这样一来，高校实践教学基地就不仅是教学场所，同时也是学生的就业场所；不仅是教学基地，同时也是就业基地，拓展了学生的就业空间。

### （四）提高高校教师素质

培养高素质人才是高校的根本任务，但要实现这个任务，必须有一批具有较高理论水平和较强专业实践能力的指导教师。从高校目前的实际情况来看，绝大多数教师都存在着实践动手能力不足的问题。教师的实践动手能力不足，培养出实践动手能力强的学生几乎是不可能的。因此，提高教师的实践动手能力，是高校面临的一项迫在眉睫的工作。

高校所建立的高校实践教学基地，不仅为学生提高实践动手能力提供了场所，而且是教师提高实践动手能力的场所。教师在高校实践教学基地指导学生的过程，也是一个学习和锻炼的过程。不仅如此，通过高校实践教学基地来聘请有丰富实践经验、热爱教育事业的技术专家、管理专家、能工巧匠等担任外聘教师，也可以改善高校的师资队伍结构，从而形成“双师型”教师队伍，有效地提高高校教学质量。

## 三、高校实践教学基地建设的注意事项

高校实践教学基地是高校教学的重要场所，必须认真抓好高校实践教学基地的建设。

第一，要坚持校内外结合，做好全面规划。实验室是高校实践教学基地的重要组成部分，实验室建设一定要与学科专业建设、课程建设相匹配，避免分散配置、分散管理、局部使用、低水平重复的低效益建设方式，同时注意集中力量建设好公共的基础性实验室；要做好实验室的计划管理、技术管理、固定资产管理和经费管理，改进分配和设备投资办法，提高投资效益，提高设备利用率；要组织实验室建设的检查验收。另外，在满足基本教学需要的基础上，要尽可能地考虑建设综合性实验室，以利于集中管理、合理配置和合理使用，提高使用质量和效益，同时便于综合性实验的开展，从而培养学生的综合能力和创新能力。

第二，在加强实验室建设的同时，也应加强其他类型的高校实践基地的建设，而且在建设中应坚持质量和效益的原则。高校实践教学基地的建设，应突破局限于感性认识、技能训练的旧模式，使高校实践教学基地成为可模拟工业、社会等环境，进行综合教育训练的高校实践教学基地；同时要改善实习条件，健全实践教学管理规章制度。

第三，在高校实践教学基地的建设中，应注意在互利原则的基础上保持相对稳定的关系，努力把实践教学与实习单位的实际工作任务结合起来，做到互利互惠，以取得实习单位的支持。互利可以使单纯承担实践教学任务的负担转变成为有利于高校实践教学基地整体建设的动力，而稳定的共建关系，不但有利于高校实践教学基地的建设，而且有利于高校教学质量的提高。

## 四、高校实践教学基地的建设策略

### （一）构建校企合作共建高校实践教学基地的互惠双赢机制

合作共赢、利益共享是企业及高校长久合作的基石，是双方产生合作驱动

力的源泉。高校实践教学基地的持续健康发展及其效益的发挥，关键在于统筹兼顾好高校人才培养和企业利益实现之间的关系。一方面，高校要树立市场思维，真正把企业的发展愿景、企业的利益纳入高校实践教学的规划中，统筹兼顾企业的效益诉求和高校人才培养的目标追求。同时，高校还要立足于企业的现实需要，主动地将自身的人才、科研、技术等优势有效转化为服务企业发展和产业升级转型的能力，不断增强企业与高校合作共建高校实践教学基地的吸引力。另一方面，企业要充分认识到校企合作共建高校实践教学基地也是企业服务教育、造福社会，履行社会责任、提升企业价值的战略举措，是企业获取新的发展力量和参与社会竞争的必然选择。

### （二）切实推进“双师型”教师队伍的培育和发展

“双师型”教师队伍是高校实践教学基地建设的重要支撑，也是高校人才培养的重要依托。一方面，要以校企共建高校实践教学基地为合作形式，建立起有效的“双师型”教师培育互通机制。高校教师可以通过指导学生实习、参与企业产品研发、工艺改进等形式深入企业来提升实践教学能力。同时，企业中实践经验丰富的工程技术人员或高级管理人员也可充实到高校实践教学教师队伍中来。另一方面，要推进制度改革，创新发展“双师型”教师队伍建设的激励机制，将教师指导学生实习实践的经历及效果有效植入教师职务晋升、职称评定的考核体系之中，将教师科技创新以及科研成果转化的能力与其绩效考核和薪酬激励结合在一起，不断激发教师丰富企业和行业经历以及提高工程实践能力的主动精神。

### （三）打造凸显高校专业和企业特色的高校实践教学方案

融科学性与可行性于一体的高校实践教学方案是建设高校实践教学基地，实现高校人才培养目标的重要基础。高校要牢牢把握主导产业和优势行业的发展脉搏，努力使高校专业群、人才培养链、人才培养规格和经济发展的产业群、产业链、企业岗位需求相匹配，实现高校的专业结构、人才培养与经济社会发展相协调。在此基础上，要按照科学性、特色化、个性化的原则，由高校和企业或行业专家共同参与设计、制定凸显高校专业和企业特色的高校实践教学方案，努力实现“一个企业一个方案”。基于高校人才培养目标，个性化的高校实践教学方案要努力实现企业生产过程与实践教学环节相匹配，实习岗位要求与学生的专业知识、素质和能力相吻合，要从目标到过程、从内容到形式全方位地切实保障实践教学方案落实到高校人才培养的各个环节。

### （四）构建高校实践教学校企双元全程评价机制

符合高校人才培养目标的高校实践教学评价机制是保障高校实践教学基地建设，确保高校人才培养质量的重要保障。在校企合作共建高校实践教学基地的过程中，要努力将企业的人才需求、行业准入标准准确对接到高校人才培养的目标体系之中，由高校和企业、高校教师和企业专业技术人员共同参与高校实践教学的绩效评价，构建起校企“双元监控、全程评价”的高校实践教学评价机制。高校实践教学的绩效考核要将学生的实习日志或报告与课程设计相结合，将理论考试与现场操作相结合，将实习过程与实习答辩相结合，将高校教师的考核与企业导师的评价相结合，使高校实践教学的考核结果能够客观准确地反映学生动手实践的能力和水平及其与高校人才培养目标之间的符合度，体现学生对于未来工作岗位和职业发展的胜任力。

# 第三节　高校实践教学体系的构建

高校实践教学体系是高校实践教学的核心，决定着高校人才培养目标的实现。构建一个完整、科学、合理的高校实践教学体系，是高校实现人才培养目标的根本保证。

## 一、高校实践教学体系的特征

高校实践教学体系基于专业课程体系，既具有与技能训练有着密切联系的特点，又具有同理论课程教学保持同步性、融合性的特点。但是，它并不等同于纯理论教学，而是具有相对独立、自我组织、自我调节的特性，是一种具有现代意义的实践技能体系。符合现代高等教育发展规律的高校实践教学体系一般具有以下特征。

### （一）科学性

高校实践教学体系的科学性，是指实践课程设置、实践技能训练方案充分体现科学性的特点，并使课程技能训练与专业技能训练的设计有机统一。

### （二）有机性

高校实践教学体系的有机性，是指课程技能训练体系与专业技能训练系统的设计具有自我组织、自我调节的特性，成为一个系统的、相互关联的整体。

### （三）和谐性

高校实践教学体系的和谐性，是指课程的必备基础、专业技能训练是深化课程技能训练的强大母体，两者在和谐统一中相互促进、共同发展。

## 二、高校实践教学体系的构成要素

根据系统论的原理，高校实践教学体系是一个系统，该系统包括实践教学目标体系、实践教学内容体系、实践教学管理体系和实践教学保障体系四个子系统。每个子系统又包括若干项目，构成一个多层次的、多样化的、动态的实践教学系统。在这个系统中，目标体系是核心，起驱动作用，决定了内容体系、管理体系和保障体系；内容体系起受动作用；管理体系起信息反馈和调控作用；保障体系则是影响实践教学效果的重要因素。

### （一）高校实践教学目标体系

高校实践教学的目标是各构成要素的核心，是实践教学应该达到的标准，是一切实践教学活动的出发点和归宿。高校实践教学目标与高校理论教学目标的主要区别在于，高校实践教学将教学融合到应用领域的过程中，锻炼和提高学生的专业理解、应用、执行能力和素质，培养应用型人才。

高校实践教学目标体系是各专业根据人才培养目标及人才培养规格的要求，结合专业特点制定的本专业总体及各个具体实践教学环节的教学目标的集合体，是高校实践教学应达到的标准。这些目标主要包括基本素质能力目标、专业基础能力目标、专业岗位能力目标以及创新能力目标。在整个高校实践教学体系中，目标体系是核心，它在一定程度上决定着其他高校实践教学子体系的内容和结构，在整个高校实践教学体系中起驱动作用。

### （二）高校实践教学内容体系

高校实践教学内容为高校实践教学目标服务，是高校实践教学的中心环节。合理的高校实践教学内容不仅有利于学生掌握扎实的基本知识与技能，而且对提高学生的综合素质大有裨益。

高校实践教学内容体系以技术应用能力培养为主体，按基本素质能力培养模块、专业基础能力培养模块、专业岗位综合能力培养模块和创新能力培养模块循序渐进地加以安排，将高校实践教学的目标和任务具体落实到各个高校实践教学环节（主要有实验、实习、实训、课程设计、毕业设计、创新制作、社会实践等）中，从而使学生在实践教学中学到必备的、完整的、系统的应用技术和技能。

### （三）高校实践教学管理体系

高校实践教学在各个方面都比理论教学的投入大，其实施也更为复杂，教学过程也较难把握，因此高校实践教学管理是一个综合性很强的系统工程。有效的高校实践教学管理可以使人、财、物的潜能得到充分发挥，提高运作效率，进而提高高校实践教学的水平。

高校实践教学管理体系包含高校实践教学管理机构、高校实践教学管理制度及规范、高校实践教学质量监控等。主管高校实践教学的领导和职能部门负责统筹实验室的建设及高校实践教学工作的开展，同时需要教务、人事、财务、后勤等相关部门密切配合，各二级院系按照上级的要求对人、财、物进行自行管理。为使高校实践教学管理有章可循，高校需要建立健全高校实践教学制度及规范，根据高校实践教学内容的不同制定关于实习、实验、实训等规章制度，同时制定高校实践教学大纲及高校实践教学指导书等配套文件，并在管理的过程中加强监控，及时进行反馈。

### （四）高校实践教学保障体系

高校实践教学保障体系由师资队伍、技术设备设施和实践环境等必要条件所组成，是影响高校实践教学效果的重要因素。在师资队伍上，它要求教师既要熟悉生产、建设，有较强的实际操作技术、技能，又要熟悉理论，有较高的理论教学水平。在技术设备设施和实践环境上，它要求有较完备的、较先进的、与社会实际相接轨的技术设备设施和仿真性较强的高校实践教学环境。

## 三、高校实践教学体系构建的原则

高校实践教学体系构建原则对高校实践教学的教学计划、教学内容、教学方法、教学活动等都具有指导作用。高校实践教学体系构建的原则不仅反映了教与学的客观规律，也反映了教学管理的客观规律。构建高校实践教学体系需要遵循以下原则。

### （一）系统性原则

高校实践教学体系的构建，应该根据高等教育的规律和人才培养特点，按照各个高校实践教学环节的地位、作用及其相互之间的内在联系，运用系统科学的方法进行统筹安排。高校实践教学环节的时间安排要保持连续性，同时要处理好实践教学与理论教学的关系，合理分配课时比例，保持整个教学过程的系统性。实践教学与理论教学要相互衔接、相互渗透，使体系内的各个环节协调统一，并贯穿高等教育的全过程。

### （二）开放性原则

高校实践教学体系构建应坚持开放性原则，主要包括办学定位、教学内容、教学形式、师资队伍和教学评价的开放性。例如，在教学过程中要关注行业的发展前沿动态，积极开展产教融合的人才培养，构建专兼结合的师资队伍；在教学评价中要纳入行业企业、社会的评价，真正做到多方面的开放。

### （三）前瞻性原则

高校实践教学体系构建应坚持前瞻性原则，即高校实践教学在培养高素质应用型人才方面必须具有先进性。随着科技的发展和科学成果的更新，社会的人才需求变化在加快，高校要想使培养出的人才适应社会经济的发展需求，就必须不断更新高校实践教学的课程内容、教学方式、训练项目等，这样培养出来的人才才能够适度超前为未来服务，具有前瞻性。

### （四）协调性原则

高校实践教学体系构建应坚持协调性原则，具体要求高校要协调好以下五个方面的关系：教师与学生的教与学关系、通识教育与专业教育的融合关系、理论与实践教学的相辅相成关系、课堂内教学与课堂外教学的融通关系、结果考核和过程考核的全面评价关系。

### （五）以学生为本原则

以人为本是现代社会一个重要理念，而教育作为促进社会发展与完善的崇高事业，自然要严格贯彻、体现这一时代理念，切实做到以学生为本。随着高校规模的扩大，学生群体出现了多样化趋势，学生的学习能力、学习兴趣等方面的差异也日益显现。因此，尊重学生个体差异，满足不同学生群体的学习需求就成了高校人才培养的关键，也是提高高校实践教学质量、构建完善的高校实践教学体系的保障。

高校在构建高校实践教学体系时，应该全面了解学生的个性、能力差异，并且将学生按照一定的标准划分为几大类，因材施教。另外，坚持以学生为本原则，还要求高校在实践教学中以全面提升学生综合素质为目标，按照学生差异化的需要设计多层次的教学内容，完善教学环节，丰富教学的方式方法。

### （六）特色发展原则

对于高校来说，最重要的就是在办学中体现出自身特色与优势，而结合高校人才培养方案与内涵式发展道路，最能彰显高校特色的就是实践教学。高校坚持特色发展原则就是要围绕高校的人才培养特色、学科专业特色和服务面向特色等因素，充分挖掘高校自身的资源优势并利用高校外部的资源优势。高校在实践教学内容的选择上要强化优势项目、优势学科，把优势培育成自身特色，在课程实践、专业实践、社会实践的基础上不断更新教学内容，探索新的实践教学方法。

### （七）适应地方经济发展原则

地方经济的转型升级需要大量具有技术应用能力和技术创新能力的人才，而高校的办学资源大多依赖地方，因此就要立足于当地，积极创造条件融入地方经济发展，为地方输送专业性人才。在构建高校实践教学体系时，高校要考虑到适应地方经济发展需要，科学制定任务要求，给学生搭建多样化锻炼平台，着重培养学生将理论转化为技术、将技术转化为生产力的能力。针对区域地方的产业结构调整，高校要适时改革实践教学，并随之优化实践教学的方式方法，与地方经济发展对接，通过实践教学做好教学、生产、科研的结合，为地方经济发展注入新鲜“血液”。

## 四、高校实践教学体系构建的突破点

### （一）突破传统思维模式

科学合理的高校实践教学体系就是科学合理的实践能力养成体系，这种实践能力养成体系是与专业课程体系相对应的。多年来，培养学生专业技能的实践教学或被实验教学取代，或被见习实习取代，很少有人把专业技能的训练作为一个有机整体来对待。因此，学生接受的大多只是为单一教学任务的完成而进行的零散的碎片式的技能训练，没能把单一课程技能训练纳入专业技能训练的有机整体。科学合理的高校实践教学体系要求高校把与专业课程体系中相对应的单一课程技能训练纳入专业技能训练的有机整体。这就要求高校突破传统的思维模式，不为训练而训练，而是要把零星分散的单一课程与技能训练整合起来，并把它们作为一个有机整体来建设。这样，课程技能与专业技能就辩证地统一起来，并在相互促进中螺旋式攀升，即课程技能的训练促进专业技能的形成，专业技能的形成又促进课程技能的深化。

### （二）突破技能训练界限

课程技能训练是由所有承担专业课程任务的部门、个人共同完成的。由于课程技能训练是专业技能训练的有机组成部分，需要加强所有承担课程技能训练任务的部门、个人的协调与合作；需要制订切实可行的操作方案，明确目标、指标及各自的职责、任务；需要健全制度、措施，建立长效的监督约束机制，由此形成一种人人有任务、个个有指标，各部门行动、全方位参与的技能训练机制。

高校要突破技能训练的时间区间限制，创建长流水、不断线的全学程持续运作体系；要根据课程设置、课程体系的有机性，把技能训练贯穿学生学习的全学程；要认识到技能训练的共时性、历时性特点，形成技能训练的阶段性、连续性方案；要把专业技能的养成，分解到单一课程技能的训练中，使技能训练既有时间维度，又有空间维度；要加强对训练方式的研究，把单项分散训练与集中强化训练结合起来，真正构建一种科学合理的高校实践教学体系。

### （三）转变教学观念

构建高校实践教学体系要实现观念方面的突破，淘汰落后的观念，与时俱进，实现观念的转变、创新。

第一，教师观的转变。传统的教学理论过于强调教师的主导作用，忽视的学生的能动性，使学生的创新思维以及通过亲身实践获取知识的积极性受到钳制，个性和能力的发展受到压制。与此相比，在“实践中心”导向下的教学理论中，教师所扮演的角色发生了转变，教师不再是纯粹的“知识掌控者”，对知识不再具有垄断地位；学生具有建构自身知识的权利，能够在实践活动中积累经验，构建自身知识结构体系。教师可以仅在学生需要指导时给予帮助，扮演“学习促进者”角色。

第二，学习观的转变。在认知理论学习观的引导下，学习更多的是一种发生在学生内部的认知活动，学生主要是进行一些文字、符号层面的理论知识学习，而实验、实践内容只是作为辅助。于是，学习理论研究的重点也不得不随之发生变化，由认知向情景转变。情景理论注重社会现实，它认为认知能力培养虽然很重要，但是如果与社会实践脱节，就是虚无缥缈、毫无用处的，所以主张学习要通过实践来进行，个体知识结构要与外在环境适应，保持不断更新。

第三，课程观的转变。传统的课程观以学科课程为代表，在很大程度上带有预设性的意味，这时候的课程内容被细化为具体学科，形成一套套自成体系的理论，使教学按照学科进行。学科课程的理论性也滋生了重理论、轻实践的弊端。高校作为人才培养的主阵地，给学生传授理论知识固然重要，但更应该培养学生的实践能力、创新能力，因此实践课程就显得更加重要。实践课程强调教学内容的生成性，主张师生在具体实践活动中对话、交流，通过一系列实验、实习等实践教学环节来掌握知识、技能技巧，强调通过行动来建构经验体系。在实践导向课程观下，教学是师生之间平等的对话，它尊重学生的兴趣和能力，接纳冲突和矛盾，寻求多样性的观点。

### （四）构建实践能力培养的有机整体

科学合理的高校实践教学体系有助于培养学生的实践应用能力，而高校没有一套成熟的体系，在很大程度上制约了对学生实践能力的培养。究其原因，主要是高校在理解实践教学的内涵时沿袭了传统思维，仅仅从教学活动层面来把握，而没有将其作为一种教育理念。如果将高校实践教学仅作为一种教学活动，其内涵就有所缩小，仅仅包括实验教学、见习实习等一系列教学环节。当将高校实践教学作为一种教育理念贯穿教学全过程时，蕴含这一理念的各种教学形式、教学活动、教学环节以及教学手段等，就构成了高校实践教学的外延。

### （五）创建全面参与实践能力训练机制

第一，要突破时间限制，创建长流水、不断线的全学程实践能力训练体系。对于新建高校来说，培养学生的应用实践能力是一个持续过程，只是在每个阶段对学生能力培养的侧重点有所不同。高校要认识到能力训练具有历时性特点，在制订训练方案时按照基本技能、专业技能、综合与创新技能这一顺序统筹安排，使能力训练划分为不同阶段并能连续起来，贯穿学生学习的全过程。

第二，要突破空间限制。高校对内要实现全员参与学生应用实践能力培养，对外要把整个社会资源纳入进来。在高校内，要打破部门分割、各自为政的桎梏，加强承担高校实践教学任务的部门、人员之间的协调合作，建立切实可行的高校实践教学运作方案。同时，高校要健全制度措施，建立切实有效的监督约束机制，明确各自的目标、任务和职责，形成一个人人参与，各部门协调行动的实践能力训练机制。

## 五、高校实践教学体系构建途径

高校实践教学体系的构建直接关系学生的市场竞争力，与学生的就业密不可分。为此，高校需要给予高校实践教学体系构建足够的重视，在对高校实践教学体系现状和问题进行分析的基础上，结合高校实践教学体系构建的原则、突破点，构建功能齐全、结构完整的高校实践教学体系，将高校实践教学目标体系、高校实践教学内容体系、高校实践教学管理体系的建设落实到位，确保学生在高校实践教学中能够有所思、有所悟、有所感，使其真正成为企业需要的人才，为社会经济的可持续发展贡献力量。

### （一）调整和完善高校实践教学目标体系

高校实践教学目标体系是高校实践教学体系中最核心的一部分，在整个高校实践教学体系中起引领驱动作用。对于高校来说，高校实践教学目标的调整和完善应该充分考虑毕业生就业情况，侧重于对学生的通识能力、专业能力、创新能力、职业能力等综合素质的培养，并制订出相应的高校实践教学计划，统筹安排其实践课程内容等，这样才能培养出具有更强创新精神和更高实践能力的高素质应用型人才。

#### 1. 强化通识能力

通识能力指的是在不同学科领域、不同行业和职业中均需具备的基本能力。通识教育侧重于培养学生的独立思考能力、学习能力等，是对培养学生专业能力的一个很好补充。但是，传统的通识教育，如数学、计算机、外语等课程已经不能完全满足学生就业竞争力的提升。因此，高校应该侧重于对通识教育中实践课程的重视程度，培养对不同学科有所认识并能独立思考、融会贯通的“健全人”。

#### 2. 加强专业能力

专业能力是在具备通识能力的基础上，深入学习本专业的基本理论、基本知识，并将其运用到对应的实验、实训、实习中。专业能力的培养是高校实践教学的重要目标，为了更好地实现学生专业能力的培养，就应该充分发挥专业实践课程学时多的特点，并将其教学内容与实际工作情况紧密联系，注重专业能力培养的有效性，使学生得到更多的专业能力训练，为今后进一步学习其他专业知识打下坚实的基础。

3. 提升创新能力

创新能力是通识能力和专业能力培养的一种提升。通过参加专业实验、毕业实习、毕业设计（论文）以及各类竞赛活动，学生的创新能力可以不断得到提高。当前，用人单位需要具有创新能力的人才，而培养这类人才最重要的途径就是高校实践教学。高校作为人才培养的中枢单位，应该改革创新人才培养方式，形成学生、教师、管理人员等全员参与的格局，为广大学生搭建起一个良好的创新实践平台。

4. 重视职业能力

社会在不断变化，人才岗位的要求也在不断变化。人才对岗位的适应都有一个实践和认识的过程，为了培养出能尽快适应岗位需求的人才，提高毕业生的就业率，高校应该重视对学生在校期间职业能力的培养，提高对就业指导、职业生涯规划等课程的重视程度。在入学前、入学后、学习结束这几个阶段设置相应的就业指导课程，使学生在毕业前获得更多的实践机会，从而提高就业能力。

### （二）优化高校实践教学内容体系

优化高校实践教学内容体系，可从以下几个模块入手。

1. 基础能力训练模块

基础能力训练模块主要通过具体的课程实验和工程实训进行实践教学。设立该模块的目的是培养学生理论联系实际的意识和实践操作的能力。

（1）课程实验

某一门课程的实验，一般在各院系的实验室进行。在课前，教师可以带领学生参观认知实验室，对该课程专业领域的应用进行直观认识。由于课程实验大多数都是验证性实验，教师还应该增加一些设计性实验，让学生根据要求进行实践操作。对于实验步骤和要求，教师应该着重强调，严格要求，并要求学生在实验完毕后撰写实验报告。通过这个过程，学生可以在实验中用科学的方法去发现问题和解决问题，把课本中的基础理论转化成实践操作。

（2）工程实训

工程实训是学生在校内工程训练中心或校外实践基地开展的实践活动。工程实训的目的就是让学生掌握某一门专业课程所要求的技术能力。在工程实训过程中，学生可以通过计算机模拟仿真、专业课程实践操作等来进行训练。

### 2. 职业能力训练模块

职业能力训练模块主要培养学生三大能力中最重要的专业能力。该模块通过毕业实习、毕业设计和就业见习等环节进行实践教学，要求不同的专业按照将来就业岗位的需求进行相应的专业技能训练。职业能力训练的目的是培养学生日后可以胜任某一具体工作的专业技术。对学生进行职业能力训练不仅可以夯实其专业知识基础，为他们日后的就业做准备，还能为培养其创新能力打下基础。

（1）毕业实习

毕业实习是指即将毕业的学生进入和自身专业领域相关的企业进行实践实习。该环节的目的是让学生在具有一定专业理论的背景下进入企业实地参与生产实践活动。在毕业实习中，学生是在具有丰富经验的技术人员的带领下开展实习活动。

（2）毕业设计

毕业设计是为了让学生把所掌握的各门课程的基础理论和专业实践技能综合地应用到实践中而开展的严格、系统的专业技术及基本能力的训练。让学生对本专业领域的课题做较为深入的研究，可以巩固学生的专业基础，使学生可以熟练地运用自身掌握的基础理论体系，独立破解在实践过程中出现的问题。

（3）就业见习

就业见习是各级政府的人力资源和社会保障部门安排在毕业离校后还没有就业的学生到政府认定的企事业单位进行岗位见习，使其积累相关经验，提升就业能力的一项帮扶措施。其目的是让已经毕业离校但还没有找到工作的学生能够具备从事某一岗位工作的专业技能。

### 3. 创新能力训练模块

创新能力模块的训练可以通过社会实践、学科竞赛、科技创新团队、自主创业等环节进行。该模块主要是为了让学生在具备职业能力的基础上，结合自身专业实际，通过处理一些生产问题，提高总结经验规律的能力。创新能力是学生所要掌握的能力里最重要的能力。创新能力的培养不仅要在校内进行，还必须在社会中进行。这样不仅可以让学生更深层次地了解社会，而且可以在社会实践活动中锻炼学生吃苦耐劳的精神。

（1）社会实践

社会实践是在寒暑假期间安排部分学生到校外高校实践教学基地参加的实践活动。社会实践主要有社会调查、义工、支教等，学生可以选择和自身专业背景相关的实践岗位进行拓展训练，培养自己吃苦耐劳、实事求是的精神素质。经过社会实践，不仅可让学生了解到真实的社会现状，增强学生的主人翁意识和使命感，也可以磨炼学生的社会生存能力。

（2）学科竞赛

学科竞赛是训练学生智力能力的一种特殊考试方式。学科竞赛考查的内容一般都超出课本知识范围，对学生的知识量和知识掌握熟练度要求很高。学科竞赛可以锻炼学生的智力和意志，培养学生对专业的兴趣，让学生学会自主思考，拥有独立解决问题的能力，为培养创新能力打下基础。

（3）科技创新团队

高校应该集结校内知名专家教授成立科技创新团队。科技创新团队由相关专业领域的专家教授作为学术带头人，各个专业的教师和优秀的学生加入其中。科技创新团队在学科专家教授的带领下可以充分利用高校的优质资源，为学生搭建科研平台，创造民主的学术环境和浓厚的合作氛围，激发学生的创新欲望。

（4）自主创业实践

自主创业实践不仅可以解决学生未来的工作问题，也是锻炼学生开拓进取精神的一种有效方式。高校应当鼓励学生积极自主创业，并在学生的自主创业中给予一定的指导和扶持。高校还应当加快健全学生自主创业的管理体制，为学生自主创业构建完善的创新创业指导体系，逐步加强创新创业指导教师的队伍建设，为学生搭建创新创业的平台。高校也可以联合政府部门为学生提供创业项目和扶持资金，使学生在实践过程中不断探索提高自身的创新能力。

## （三）健全高校实践教学管理体系

高校实践教学管理体系是整个高校实践教学体系中最关键的一个环节。在新的环境形势下，高校实践教学的管理体系不能一成不变，其运行模式应该顺应当前时代的发展。对于高校来说，应该将自身的特色和实践教学相结合，从实践教学管理的制度、执行和监督出发，构建一套相对成熟的、便于操作的高校实践教学管理体系。

### 1. 加强高校实践教学过程管理

（1）确保高校实践教学按时实施

高校实践教学牵扯很多因素，涉及诸多方面，如国家方针政策、高校的相关制度文件、企业的用人标准、学生自身的发展需求等。各高校为了达到人才培养目标，必须协调好各方面因素。首先，要保障高校实践教学的有序进行，按照教学计划来规划高校实践教学的教学时间、教学场地以及涉及的学生。其次，在严格执行培养方案的前提下，修订实验教学大纲、实习大纲，并根据大纲要求，拟订实验教学计划、实习实施计划，并由职能部门、教学单位、实习单位协商审定实施计划。

（2）合理设计实践教学环节

高校应该根据各专业特征和人才培养目标确定高校实践教学的方向，确定高校实践教学的各项环节。高校要设置专业实践课程来提高学生的实践水平和专业技术水平，设置专业素质教育实践课程来培养学生的专业素养并提高学生的职业道德水平。具体而言，可通过科学实验、创业活动等活动来提高学生的创新创造能力，通过参观企业生产基地和亲身参与企业生产实践来提高学生对该专业的认识，设置实训、实习、毕业设计等活动提高学生的实践能力，通过科技竞赛、专利申请、拓展活动等形式培养学生的专业意识和匠人精神。高校还要根据本校的人才培养目标和各专业特点，科学合理地分配教学资源，利用好社会资源、企业资源和高校资源，不断发展完善高校实践教学体系，培养学生的实践能力、职业技术水平和基本职业道德。

第一，要把专业基础知识的内容运用到专业实践中，在实践教学基地培养学生的专业技能，适度增加实验课程的比例。在此基础上，还要引导、支持、鼓励学生参加各项专业技能大赛、创新创业大赛等，培养学生的协同合作能力、沟通能力、组织协调能力、人际交往能力等。

第二，要构建好企业实践平台与高校实训平台的互补关系。在企业参加技能实践是学生提高自身专业技能的重要渠道，是学生增强社会认知的重要方式。各高校应积极促进企业实践平台和高校实训平台的相互融合，开展多种形式的实践活动，增强企业的影响力，提高实训平台的利用率。与此同时，高校还应探索建立创业园区、创业示范区、创业中心、创业孵化器、众创空间等平台，激发学生的创业热情，为学生创新创业提供多元化的实践锻炼平台。

（3）保证高校实践教学质量

高校在进行高校实践教学制度构建的同时，需要结合本地区和本校的特点采用不同的管理方式。在宏观方面，高校可以规划实践教学的具体计划，保障高校实践教学硬件设施建设有序进行。同时，可以建立完善的社会实践教学保障体系，完善对高校实践教学的监控、检查、指导与协调。各二级院系需要设立专门的教学组织，对高校实践教学的各个环节进行组织和管理，并根据不同专业的特征安排高校实践教学的内容，保障高校实践教学的具体实施。

（4）总结验收高校实践教学

每个环节之后的总结验收是整个高校实践教学质量的保证。各个部门要从不同的侧面进行总结和反思，考核各个环节的运行情况，随时监测高校实践教学是否达到了目标要求。

对高校实践教学的成果进行验收，如开展优秀实习报告展、实验作品展、专业技能大赛、科技创新大赛以及优秀毕业设计等活动，一方面可以更有效地验收高校实践教学的成果；另一方面可以为学生提供锻炼和展示自我的平台，提高学生参与高校实践教学的兴趣，巩固高校实践教学成果。

### 2. 推进实践教学信息化建设

高校的实践教学管理的内容多而庞杂，必须借助科学的信息化管理手段，才能更好地构建实践课程服务平台，进而做到对高校实践教学全过程的跟踪管理，从根本上保证高校实践教学的高效率管理、高质量发展。①

（1）加大信息化宣传和培训力度

高校实践教学管理的主体是教务处负责高校实践教学工作的人员和高校实践教学管理人员。高校应该提高他们的信息化水平，不断强化信息技术与高校实践教学管理的深度融合，并不定期地组织高校实践教学管理人员参加与高校实践教学相关的信息化交流、研讨和培训，让他们及时转变观念，从思想上提高对高校实践教学信息化的认识，运用信息化管理手段，提高工作效率。

（2）完善高校实践教学综合管理平台

高校实践教学管理是一个庞杂的体系，包括实验、实训、实习、毕业设计（论文）以及各类竞赛等。在高等教育快速发展的大背景下，高校要加快发展步伐，在高校实践教学综合管理平台下启用一体化或个性化的实践课程项目

① 魏立岩，夏海静，赵峰. 适应工程认证需求的地方本科院校实践教学体系改革策略研究[J]. 知识经济，2024（15）：219-221.

模块。这些模块在计划制订、任务下达、过程监控、成绩管理、评价等环节形成了一个完整的、流程化的管理模式，实现相关数据的电子化、无纸化存储，使高校、院系、教师与学生之间达到真正意义上的高校实践教学信息资源共享，避免了传统管理模式下的“信息孤岛”，提高了高校实践教学的工作效率，提高了高校实践教学管理人员信息化水平，进而提升了高校实践教学质量。

## 第四节　高校实践教学评价体系的完善

在高等教育体系中，高校实践教学是培养创新人才、提升学生综合能力的重要环节。然而，当前高校实践教学评价体系存在诸多不足，难以全面、准确地反映学生实践能力的提升和高校实践教学的效果。因此，完善高校实践教学评价体系，构建科学、全面的评价机制，已成为提升高校实践教学质量的关键。

### 一、高校实践教学评价体系的完善原则

在高校实践教学工作中，对高校实践教学评价体系进行完善，可以为高校实践教学成效的提升提供不容忽视的助力。高校实践教学评价体系的完善应遵循以下原则。

第一，遵循系统性原则。高校实践教学评价体系的系统性体现在外部系统性与内部系统性两个层面。其中，外部系统性要求高校实践教学评价体系能够与高校其他规章制度展现出较高的匹配性，从而和谐有序地共同作用于高校育人水平的提升。内部系统性则要求高校实践教学评价体系所包含的各个要素能够呈现出整体性，从而充分发挥高校实践教学评价体系所具有的诊断、监督、调控等多元化的作用。

第二，遵循可行性原则。高校实践教学评价体系的完善涉及资源投入方案、规章制度等多个方面的内容，而无论是资源投入方案还是规章制度，都需要具备可操作性。如果这些内容脱离高校的实际情况，高校将难以对其进行有效落实，进而制约高校实践教学评价体系功能的有效发挥。由此可见，可行性原则是高校需要遵循的重要原则之一。

第三，遵循动态发展原则。高校实践教学处于不断发展的过程当中，这也决定了高校实践教学评价体系也需要根据实际情况进行动态化的调整，从而满足高校实践教学的需求。这就需要教师对高校实践教学评价体系的实施效果进行评估，并对其调整方向与调整策略进行探索，从而确保高校实践教学评价体系得以持续优化。

第四，遵循前瞻性原则。高校实践教学具有周期性，这也决定了学生通过高校实践教学所掌握的专业实践能力容易在毕业之后展现出滞后性的特征。因此，高校需要重视对高校实践教学发展趋势、用人单位的人才需求发展趋势等做出调研，并以此为依据促使高校实践教学评价体系展现出前瞻性，确保学生所具有的专业实践能力能够满足学生的就业需求。

## 二、高校实践教学评价体系的完善策略

### （一）输入质量保障

在高校实践教学过程中，输入质量保障主要是指高校为了实现高校实践教学目标，在高校实践教学基础条件构建、资源构建方面所进行的投入。输入质量保障所涉及的因素不仅包含高校生源质量，而且包括高校师资力量以及高校在实践教学方面投入的基础设施建设力度等。

#### 1. 高校生源质量方面

高校生源质量对高校实践教学质量产生着不容忽视的影响。为了有效提升高校生源质量，高校有必要做好两个方面的工作。一方面，高校需要对招生策略进行完善。这不仅要求高校能够根据国家招生政策、市场人才需求等对招生计划、招生标准进行有针对性的调整，而且要求高校依托奖学金、助学金等手段来吸引优质生源。另一方面，高校需要通过促进学生就业，增强自身所具有的吸引力。学生的就业质量直接影响着社会对高校育人工作的认可程度，而有效提升学生就业质量，就能够促使招生工作与学生的就业质量实现良性循环。为此，高校有必要以学生能力为本位，并通过强化与用人单位之间的合作，为学生就业提供跟踪服务等，有效提高学生的就业质量，进而吸引更多的优质生源进入高校。①

① 从晓峰，刘楠. 高校教学改革与质量管理研究[M]. 青岛：中国海洋大学出版社，2008：59.

### 2. 高校师资力量方面

高校实践教学质量的提升离不开优质的师资力量。在师资力量构建实践中，高校不仅需要重视为高校实践教学工作的开展提供数量足够的教育人才，而且需要重视优化教师队伍结构、提升教师素养。这不仅要求高校要重视做好优质教育人才引入工作，拓宽教育人才引入渠道，而且要求高校重视根据既有教师队伍所具有的年龄结构、学历结构、职称结构等有针对性地制订科学的教师引入与培训规划。与此同时，为了促使教师所具有的专业实践能力以及教学能力与教学需求实现良好对接，高校不仅可以引入特定专业专家学者、一线人才等进入高校开展实践教学活动，而且可以依托“走出去”战略，在为教师提供进入用人单位进行专业实践的机会的基础之上，促使教师对专业发展趋势、岗位胜任能力等进行全面了解，以确保教师所具有的专业实践能力以及“双师”素养得以与时俱进地发展。

### 3. 高校实践教学基础设施建设工作方面

完善的、高质量的高校实践教学基础设施是高校实践教学工作取得良好成效的重要保障。在此方面，高校需要重视推进校内高校实践教学基础设施建设工作与校外高校实践教学基础设施建设工作的协同发展。在校内高校实践教学基础设施建设方面，高校需要围绕高校实践教学目标、高校实践教学方案等，明确校内高校实践教学基地基础设施建设需求，有针对性地完善校内高校实践教学基础设施。在此方面，高校需要重视对高校实践教学发展趋势做出研判，确保校内高校实践教学基础设施建设工作呈现出先进性、前瞻性的特征。在校外高校实践教学基础设施建设方面，高校需要重视与用人单位展开合作，依托“产学研”一体化的育人方式，有效控制校外高校实践教学基础设施构建成本，提升校外高校实践教学基础设施构建水平。在此基础之上，高校所具有的校内外高校实践教学基地能够从资源类型、覆盖时间等多个层面实现互补，从而为高校实践育人工作的开展以及高校实践教学成效的提升提供保障。

## （二）过程质量保障

在高校实践教学过程中，过程质量保障主要包含高校实践教学要素控制以及高校实践教学管理制度建设两个层面。其中，对高校实践教学要素所开展的控制，包含对高校实践教学内容要素的控制，对高校实践教学方法要素的控制以及对高校实践教学考核方式要素的控制。高校实践教学管理制度则要求高校能够构建完善的高校实践教学管理体系，并为高校实践教学的有效开展提供规章制度保障。

### 1. 从高校实践教学要素控制工作来看

教师需要对高校实践教学内容、高校实践教学方法进行合理的选择，并构建起完善的高校实践教学考核机制。在教学内容的选择方面，教师需要重视做好学情调研工作，以此为依据选择与学生的专业实践素养基础以及学习能力相适应的教学内容。与此同时，教师需要重视增强高校实践教学内容所具有的趣味性，重视引导学生参与教学内容的选择以及教学方案的制定，从而有效激发学生的学习动机。在教学方法的选择方面，教师需要重视和强化自身的创新理念，提高自身对现代教育技术的应用能力，通过将现代教育理念以及现代教育方法渗透到高校实践教学工作当中，促使高校实践教学呈现更高的效率并展现出与时俱进的特征。例如，教师可以将多媒体教学技术和基于互联网教学资源所开展的微课教学、慕课教学等引入高校实践教学体系当中，从而推动高校实践教学的吸引力与有效性的协同增强。在高校教学评价方面，高校需要重视通过邀请用人单位参与高校实践教学评价，充分发挥教师与学生在高校实践教学评价中的作用，推进教学评价主体展现出多样化的特征。与此同时，高校需要重视对高校实践教学目标进行细化，构建起完善的评价指标体系，促使评价工作展现出全面性的特征。另外，高校需要重视对教学评价结果进行充分运用，将其作为对教师进行奖惩的依据、对高校实践教学方案进行调整的依据，从而推进教师教学能力以及高校实践教学成效的持续提升。

### 2. 从高校实践教学管理制度建设来看

完善的高校实践教学管理体系与高校实践教学规章制度，是推进高校实践教学得以规范化开展的重要保障。在高校实践教学管理体系的构建工作中，高校需要从组织保障层面体现出对高校实践教学的高度重视。这就要求高校应在主管校长的协调与引领下构建起校级管理机构、院级管理机构、系部管理机构以及基层教研室。各级管理机构需要对高校实践教学的方针进行贯彻与落实，而基层教研室不仅需要负责高校实践教学的组织与管理工作，而且需要对高校实践教学过程进行监督，对其优化策略进行探索，从而促使各个专业所开展的高校实践教学得以持续地优化。另外，在高校实践教学管理机构的人员配备方面，高校不仅需要组织具有丰富实践教学经验、较高专业实践技能的教师参与高校实践教学管理，而且可以邀请用人单位的优质人才加入高校实践教学管理机构，从而促使他们为高校实践教学规划出谋划策，促使在高校实践教学下培养出的复合型人才能够满足社会的要求。高校实践教学规章制度不仅需要具备指导性，而且需要体现出对高校实践教学各个环节的关注。与此同时，高校实践教学规章制度需要与高校的其他管理制度体现出匹配性，从而避免管理制度之间产生冲突，确保不同的管理制度都得以有序有效地实行，进而为高校实践教学管理工作成效的提升提供保障。

### 3. 管理学生实践过程，促进高校实践教学

管理学生实践过程，是高校实践教学中不可或缺的一环，直接关系到高校实践教学质量的提升与人才培养的成效。通过科学、系统的方法对高校实践教学中的各个环节进行细致规划与有效监控，可以极大地促进高校实践教学的顺利开展，确保学生能够在真实或模拟的职业环境中获得宝贵的实践经验，从而增强其解决实际问题的能力、团队协作精神和创新思维。

具体而言，管理学生实践过程涉及高校实践教学计划的制订、高校实践教学资源的配置、高校实践教学过程的监督与指导、高校实践教学成果的评估与反馈等多个方面。首先，高校应根据专业特色与行业需求，精心设计高校实践教学内容与目标，明确高校实践教学任务与预期成果，为学生搭建起理论与实践相结合的桥梁。其次，合理配置实践所需的硬件设施、软件资源及指导教师团队，确保每位学生都能获得充分的实践机会与专业的指导支持。在实践过程中，高校要实施严格的监督机制，定期检查学生的实践进度与质量，及时发现并解决存在的问题，同时鼓励学生主动探索、勇于创新，培养其自主学习的能力。

此外，高校要建立健全高校实践教学成果评价体系，不仅要关注学生的实践结果，更要重视其在实践过程中的表现、态度与能力提升，通过多元化的评价方式，如项目报告、口头答辩、实践操作演示等，全面、公正地评估学生的实践成效，并基于评估结果，及时给予学生反馈与指导，帮助学生明确自身的优势与不足，为后续的学习与职业发展奠定坚实的基础。

# 第六章　高校教学评价的改革与创新

高校教学评价在高校教学改革与创新中起着导向与质量监控的重要作用。高校教学随着社会的发展和人的需求的变化而呈现动态性趋势，因此高校教学评价也需要不断变革。

长期以来，高校教学评价常常把教师的“教”作为评价对象，而忽略了以人为本的教学思想和学生发展这一教学目的，导致评价主体错位、评价功能窄化、评价方法单一等问题限制了高校教学的发展。随着科学技术与经济社会的快速发展，社会对高校的人才培养提出了新的要求，高校教学改革与创新的紧迫性要求高校教学评价也必须进行改革与创新。

## 第一节　高校教学评价概述

高校教学评价是以高校教学目标为依据，通过一定的标准和手段，对高校教学活动及其结果进行价值上的判断，即对高校教学活动及其结果进行测量、分析和评定。它以参与高校教学活动的教师、学生、教学目标、教学内容、教学方法、教学设备、教学场地和时间等因素有机组合的过程和结果为评价对象，是对高校教学的整体效能所做的评价。

## 一、高校教学评价的类型

根据不同的分类标准和方法，可将高校教学评价分为不同的种类（见图6-1）。

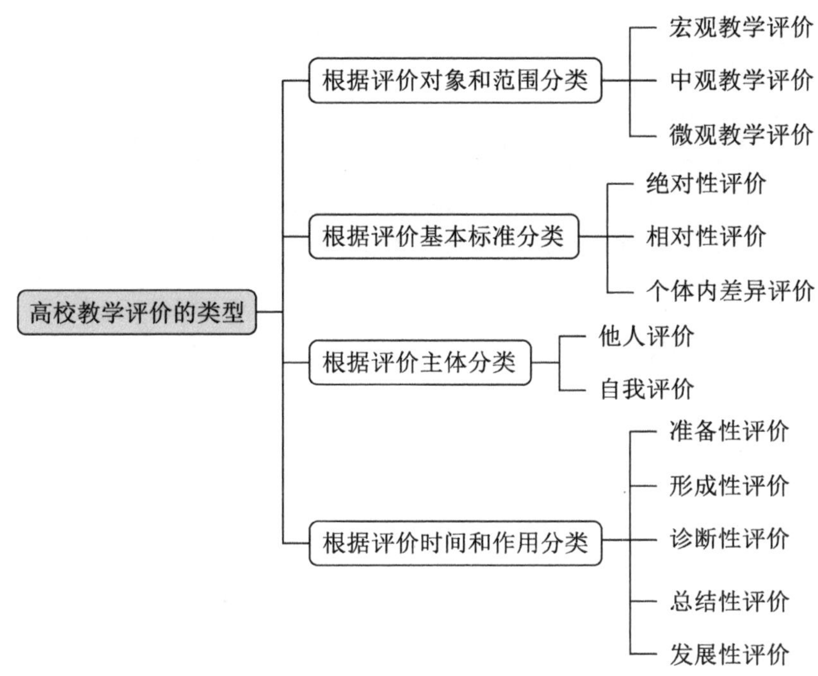


图 6-1　高校教学评价的类型

### （一）根据评价对象和范围分类

根据评价的对象和范围，可以将高校教学评价分为宏观教学评价、中观教学评价和微观教学评价。

#### 1. 宏观教学评价

宏观教学评价是对整个高校教学体系进行评价，范围覆盖面广，评价指标较为宏观，主要考虑高校教学的总体发展方向和高校教学成果等。宏观教学评价通常由政府、教育部门和研究机构等专业机构进行，对于高校教学具有重要的指导作用。

#### 2. 中观教学评价

中观教学评价是对教育机构及其教学活动和教学管理等进行评价，范围相对较窄，评价指标更具体。中观教学评价主要考虑高校的规范化管理、高校教学活动的实施效果、高校教学管理的运行情况和高校教学服务的质量等。中观教学评价的主要实施者是教育管理部门和高校内部的评估机构等。中观教学评价对于促进高校及其教学活动的改进和提升具有重要的作用。

3. 微观教学评价

微观教学评价是对高校教学活动进行评价，评价的对象是高校教学内容、高校教学方法、高校教学过程和学生学习效果等，其范围最为具体，评价指标也最为细致。微观教学评价主要考虑高校教学内容的科学性、高校教学方法的有效性、高校教学过程的严密性和学生学习效果的良好性等。微观教学评价的实施者是教师自身和高校内部的评估人员或机构，对于高校提高教学质量和学生学习效果有着重要的推动作用。

### （二）根据评价基本标准分类

根据评价基本标准，可以将高校教学评价分为绝对性评价、相对性评价和个体内差异评价。

1. 绝对性评价

绝对性评价的优点是标准比较客观，不受评价对象群体状况的影响，评价结果的好坏只与评价对象自身的水平有关，而与其所处的群体无关。只要评价过程是科学合理的，那么绝对性评价的结果就可以在很大程度上反映评价对象的水平。绝对性评价使每个评价对象都可以明确自己与客观标准的差距，有利于评价对象发扬优点、克服不足。同时，绝对性评价可以根据预设的目标或标准直接鉴别各项指标完成的情况，明确今后的工作重点。绝对性评价的缺点是容易受到评价者的教育价值取向和经验的影响。

2. 相对性评价

相对性评价是在评价对象的集合中选取一个或若干个基准，然后以此为评价标准来评定每个评价对象在集合中相对位置的一种评价类型。相对性评价的优点是以某一类评价对象的群体状况为参照系，也就是说由评价对象组成的群体的整体状况决定着每个群体成员的水平，无论群体的整体状况如何，都可以在群体内部比较每个评价对象的优与劣。相对性评价的缺点是由于评价标准来源于群体，会随着群体的变化而发生变化，而且其评价结果并不必然表示评价对象的实际水平，体现的只是其在群体中的相对位置，同时容易导致激烈的竞争，对素质教育的全面实施造成负面影响。

相对性评价是一种适应性强、应用范围广的教学评价方法，尤其适用于以选拔为宗旨的教学评价活动。比如，智力测验和标准化测验是常见的相对性评价。智力测验常以大规模测试的结果为常模（标准），然后对具体对象施测，将其应答情况与常模比较，从而得出智力商数。智力商数代表施测对象的智力在由同龄人组成的群体中的相对水平。标准化测验常以所有考生的得分为参照群体，用每个考生的标准分来代表他在考生群体中的相对水平。在不同的考生群体中，同一考生的标准分会相应地有所不同。

#### 3. 个体内差异评价

个体内差异评价是把每一个评价对象的过去和现在进行比较，或者将评价对象的不同方面进行比较从而得出结论的评价类型。比如，对学生学业成绩的评价，大多采用学生过去和现在的学习情况的纵向比较或各门课程成绩的横向比较的方式来实现。个体内差异评价的优点是有利于综合地和动态地考查评价对象的发展变化情况，有利于评价对象自己发现差距，同时照顾到评价对象的个体差异，不会给评价对象造成竞争压力。个体内差异评价的缺点是由于不存在客观的标准，又未将评价对象与他人进行比较，很难确定评价对象的真实水平，很难找出评价对象在群体中的真正位置，提供给评价对象的有效反馈信息也很有限。

在高校教学实践中，个体内差异评价常常作为有效的促进措施得到了广泛使用。

### （三）根据评价主体分类

根据评价主体，可以将高校教学评价分为他人评价和自我评价。

#### 1. 他人评价

他人评价亦称“外部人员评价”，是指由作为非评价对象的他人对评价对象进行评价。在高校教学评价实践中，他人评价的主体一般是除课程设计者或使用者（教师、学生）以外的其他人，包括没有参与设计的课程评价专家等。比如，对教师教学质量的他人评价，主要是由高校领导、同行教师、学生来实施，也包括来自家庭、社会的评价。

他人评价作为一种外部的显性评价，可以从外部反映评价对象的客观情况，主要是由外部人员对评价对象进行明显的统计分析或文字描述。外部人员作为评价的主体，通常是评价专家，了解他人评价的原理、设计、方法与技术，能胜任他人评价工作，可以发现内部人员发现不了的现象。因此，没有他人评价的高校教学评价是不真实、不科学的。从这一意义上看，他人评价是高校教学评价最主要的方面。

2. 自我评价

自我评价也称“内部人员评价”，是指由评价对象作为评价主体对自我进行评价。在高校教学评价实践中，自我评价的主体一般是课程设计者或者课程使用者。自我评价的优点在于评价者了解课程设计方案的内在精神和技术处理技巧，评价的结果也可进一步用于课程方案的修订和完善。自我评价的缺点是评价者有可能局限于自己的教学设计思想，不了解其他人对教学设计的需要，致使评价缺乏应有的客观性。

自我评价的过程有时是内隐的，通过评价者思想内部的反省、自查、检讨、总结和自我批判等方式来进行；有时也具有外显性，通过给自己的教学工作评分或撰写自我评价报告等方式来进行。对于某些隐性的评价内容，他人评价往往难以发现，只有自我评价才能反映出来，因此自我评价可以在一定程度上弥补他人评价的局限性。同时，开展自我评价活动，可以培养评价主体自我判断和自我发现的能力，有利于促进自我教育和自我完善。

### （四）根据评价时间和作用分类

根据评价时间和作用，可以将高校教学评价分为准备性评价、形成性评价、诊断性评价、总结性评价和发展性评价。

1. 准备性评价

准备性评价一般在教学开始前进行，能够摸清学生的现有水平及个别差异，以便安排教学。通过准备性评价，教师可以了解学生对新学习任务的准备状况，确定学生当前的基本能力和起点行为。

2. 形成性评价

在高校教学评价中，形成性评价一般是在课程开发、课程实施与课程教学过程中对课程编制、教师教学和学生学习等方面的动态状况的掌握性系统评价。它贯穿教学的始终，旨在及时了解教学效果，了解学生掌握知识与形成技能的情况并及时反馈信息，以便及时修正、及时调节、及时强化教学方案。比如，各种课堂测验、调研性考试、阶段测评等，都属于形成性评价。

形成性评价的作用表现在多方面：为改进课程编制、教师教学、学生学习提供服务和帮助；为学生的进一步学习定目标、定步子、定速度；强化学生学习的结果与动机；为教师提供反馈的信息，从而有针对性地改进高校教学等。总之，形成性评价不注重评价等级，只注重发现问题，只注重了解高校教学的表现情况，而不注重高校教学的效果。为高校教学提供及时的反馈，为改进高校教学活动服务，并不与课程质量、教学质量和学习质量挂钩，这是形成性评价与终结性评价的重要区别所在。需要特别指出的是，形成性评价重视价值取向的判断，注重综合考查全过程的活动与表现状况，强调采用客观性和科学性标准对高校教学过程做出解释性描述。形成性评价通常在高校教学过程中实施，一般是由学生完成一些与高校教学活动密切相关的测验，也可以让学生对自己的学习状况进行自我评估。

3. 诊断性评价

诊断性评价一般是指在某些活动开始之前进行的评价，其目的是了解和掌握评价对象的基础情况，为活动的开展提供准备性依据。在高校教学评价实践中，诊断性评价是为了使高校教学适合学生的需要和背景，而在某门课程或某个学习单元开始之前对学生所具有的认知、情感及技能等方面的条件进行评估，旨在使高校教学更具针对性，如为缺少先决条件的学生设计一种可以排除学习障碍的高校教学方案，为已掌握一部分或全部知识的学生设计一种能发挥其学习准备优势的高校教学方案。

诊断性评价的作用是多方面的，既可以确定学生的知识与技能基础、学习质量、心理发展水平与特点、学习动机、身体状况等，又可以通过对学生的知识、技能、能力、性格与学习积极性等方面差异性的准确判断，进而在高校教学活动中对学生进行合理的分班分组，为学生提供合适的学习环境，还可以识别造成学生学习困难的原因，以对症下药或因材施教。

4. 总结性评价

总结性评价的主要目的是收集资料，对高校教学的成效进行整体判断，为制订下一阶段高校教学计划、优化高校教学方案提供参考依据。总结性评价一般是在高校教学结束之后，为了解并确定高校教学成果而进行，旨在确认高校教学目标的达成程度。各种期末考试、年终考评等，都属于总结性评价。

总结性评价的特点是着眼于学生对某门课程或整个内容的掌握，注重测量学生达到该课程教学目标的程度。因此，总结性评价的次数不多，一般是一学期或一学年进行两三次。另外，总结性评价的概括性水平一般较高，考试或测验的内容涵盖的范围较广，而且每个题目都包括许多基本知识、技能和能力。[①]

总结性评价的作用是为学生评定成绩，确定学生达到教学目标的程度，对学生的学业成就进行整体的价值判断，用以证明学生的学业资格；概括地反映学生的知识、技能水平，预测学生在后续学习中获得成功的可能性，帮助教师、学生确定后续学习的起点和前提；为学生提供学习反馈，使学生明确学习效果并对学生后续的学习动机产生影响。

5. 发展性评价

发展性评价的实质是一种过程性评价。它主要考察高校教学的过程，其目的是从发展的角度去判断高校教学的效果，了解高校教学的创造性生成和学生素质全面发展的情况，并用发展的目光去分析和判断高校教学的成效。

我国当前实施的素质教育十分重视发展性评价，强调要把评价作为一种促进学生发展的手段，更多地采用自我参照的评价方式，把评价结果与学生以前的表现相比较，及时发现学生在学习过程中存在的问题，并有针对性地给予补救、激励和帮助，以达到促进学生不断发展的目的。

## 二、高校教学评价的一般过程

高校教学评价是一个连续的过程，虽然不同类型的高校教学评价过程不尽相同，但大致可以分为五个阶段，各阶段之间既相互独立，又相互联系。高校教学评价的一般过程见图6-2。

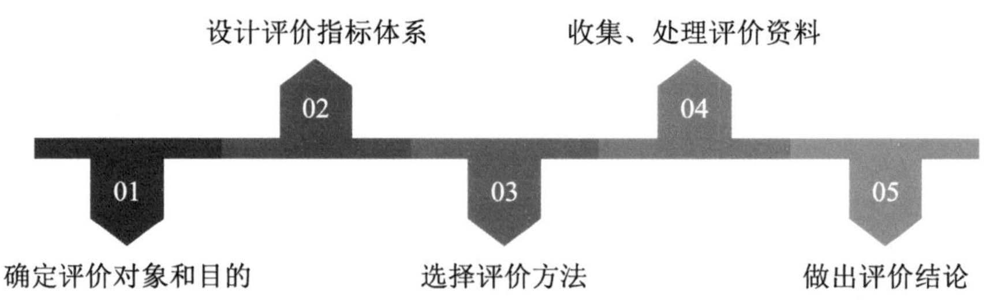


图 6-2　高校教学评价的一般过程

### （一）确定评价对象和目的

确定评价对象和目的是高校教学评价过程的第一步。评价对象可以包括课

① 马朝珉，李伟凯，周旭东. 大数据智能化背景下高校教学评价改革路径分析[J]. 中国多媒体与网络教学学报（上旬刊），2023（3）：9-12.

程设计、教师教学方法和能力、教学项目、学生学术表现、教学资源和教学环境等。评价目的应与高校的教学目标和发展战略相一致，如提高教学质量、促进教师专业发展、优化课程设置、激发学生学习兴趣等。明确评价对象和目的能够帮助评价者聚焦关键问题，保证评价的针对性和有效性。

### （二）设计评价指标体系

设计评价指标体系是为了全面、客观地反映评价对象的表现。评价指标体系应涵盖教学过程、成果和影响等多个层面，包括诸如教学内容质量、教学方法有效性、学生学习兴趣激发和满意度、教师教学水平和发展、课程设置合理性等指标。此外，评价指标体系应具有科学性、合理性、可操作性和灵活性，能够适应高校教学的变化和发展。

### （三）选择评价方法

选择合适的评价方法对于收集和分析评价数据至关重要。评价方法应根据评价对象、评价目的和实际条件进行选择，常用的评价方法包括问卷调查、观察法、访谈法、成果分析法、案例分析法等。评价方法的选择应注重多元化和综合性，避免过分依赖某一个方法，从而提高高校教学评价的准确性、可靠性和全面性。

### （四）收集、处理评价资料

在收集和处理评价资料阶段，应确保所收集的数据真实、可靠和具有代表性。数据来源可以包括教师、学生、管理人员、教学项目负责人等。在处理评价资料时要进行整理、分类、归纳和分析，运用统计学、心理学等相关方法和技术，发现评价对象在高校教学过程中的优点和不足，为做出评价结论提供科学依据。

### （五）做出评价结论

根据前面几个阶段的工作成果，对评价对象的表现进行全面、客观的分析和总结。评价结论应包括对评价对象在各方面的表现进行综合评价，同时给出具体的改进措施。

## 三、高校教学评价的功能

### （一）导向功能与激励功能

高校教学评价的导向功能主要指高校教学评价对实际的高校教学有定向引

导的功能。高校教学评价通过明确的目的、预设的指标系统和严格的程序，像一个指挥棒、一把标尺或一盏指路灯，引导着高校教学朝着理想的目标发展。这种定向引导作用使高校教学评价成为高校教学中的关键环节，对高校教学的开展具有指导性和导航性作用。同时，高校教学评价还具有激励功能。合理有效地运用高校教学评价，有助于提高教师和学生的积极性和创造性，从而实现高校教学管理的目的。在高校教学评价过程中，导向功能与激励功能相互交织、相互促进。导向功能为高校教学提供了方向，使教师和学生明确了目标。激励功能通过奖励和认可，激发了教师和学生为实现高校教学目标而努力的动力。这两种功能共同推动着高校教学的发展，促进了高校教学质量的提升。

### （二）鉴定功能与选拔功能

高校教学评价的鉴定功能是指高校教学评价活动具有认定、判断评价对象合格与否、优劣程度、水平高低等实际价值的功能。高校教学评价通过全面收集教师的教学过程、学生的学习成果以及其他相关方面的数据，对高校教学质量进行系统的、客观的分析和评估。高校教学评价的结果不仅能够体现出教师的教学水平高低、优劣程度，还能为进一步的教育决策提供依据。高校教学评价的选拔功能在鉴定功能基础之上发挥作用，旨在根据鉴定结果，选出表现优秀或先进的师生以及淘汰不合格者。这一功能有助于激发教师和学生的积极性，形成具有竞争性的高校教学氛围，推动高校教学质量的提升。

### （三）诊断功能与改进功能

高校教学评价的诊断功能主要是揭示和分析高校教学过程中存在的问题，找到症结所在，并给予高校教学成效肯定。诊断功能通过对教师的教学方法、学生的学习成果以及课堂互动等方面进行细致观察和分析，发现高校教学中的问题和不足。这一功能使教师能够了解自身在教学中的弱点，同时也能够让学生认识到自己在学习过程中的困难，从而为高校教学的改进提供依据。高校教学评价的改进功能着重于及时反馈评价信息、调整行为，促使评价对象不断完善与优化。改进功能关注高校教学评价结果的应用，旨在为教师和学生提供明确的进步目标和要求，引导他们在诊断的基础上进行自我调整和发展。

### （四）反馈功能与调节功能

高校教学评价的反馈功能，是指评价者将收集的关于评价对象的信息及其意义传递给评价对象，然后收集评价对象反馈的信息，以此来实现信息的循环，借此不断修正评价对象的行为。有效的反馈可以让教师了解自己的教学方法是否合适，学生能否跟上教学进度，同时也能让学生了解自己在学习过程中的优点和不足，为他们制订合适的学习计划提供依据。高校教学评价的调节功能是在及时、有效地反馈评价信息的基础上实现的。调节功能主要表现在以下两个方面。一是评价者根据评价结果，为评价对象提供合适的指导和建议，帮助他们调整教学目标和教学进程。二是通过教学评价，评价对象可以了解自己的优缺点，明确努力方向及改进措施。

## 第二节　高校教学评价改革与创新的必要性和原则

传统的高校教学评价都是围绕应试教育展开的，无论是课堂教学评价还是学生评价，往往都将考试成绩作为唯一的衡量标准。这不仅会扼杀学生的学习兴趣，而且会使教师逐渐失去工作热情，因此必须对高校教学评价进行改革与创新。与此同时，在高校教学评价改革与创新的过程中，还需要遵循一定的原则。

### 一、高校教学评价改革与创新的必要性

在信息化时代，高校教学评价改革与创新的必要性体现在以下两个方面。

#### （一）传统高校教学评价落后于前沿理论

传统高校教学评价落后于前沿理论，具体体现有重结果、轻过程，重定量、轻定性，重教师、轻学生。

1. 重结果、轻过程

传统高校教学评价多以总结性评价为主，形成性评价较少，只注重对教师教学结果和学生学习结果进行评价，缺乏对教师教学过程和学生学习过程的评价。也就是说，只采用单元、期中、期末等考试来了解学生在完成部分学习内容后达成学习目标的情况，既不能了解学习的情况，又存在片面性和偶然性。

2. 重定量、轻定性

传统高校教学评价往往重视定量评价，忽视了定性评价。虽然定量评价可以较准确地反映评价对象的情况，并且有利于评价结果的统计与分析，但是对

于不适合量化而且没有必要进行量化的评价内容，就需要使用定性评价，否则会对高校教学评价的信度和效度产生影响。

3. 重教师、轻学生

传统高校教学评价通常注重对教师的评价，将教师作为评价主体，教师居高临下，学生则处于被动的甚至是被忽略的地位，这对于激发学生学习的主动性和积极性十分不利。

### （二）传统高校教学评价难以适应时代发展

我国高校教学长期以来遵循的是应试教育方式，高校教学评价的目的是选拔人才，将考试作为评价教师教学效果和学生学习成绩的最主要手段。然而，全球化带来了各国文化之间的碰撞与交流，使世界变成了一个多元化的格局。

在这种背景下，我国的应试教育越来越显现了自身不合时代潮流的劣性。这种劣性导致高校教学评价的内容不全面，只注重学生认知的发展而忽视了学生非智力因素的发展。由此可以看出，对传统高校教学评价进行改革与创新十分必要。

## 二、高校教学评价改革与创新的原则

在信息化时代，高校教学评价体系改革与创新应在以下原则的指导下进行。

### （一）分析学生需求原则

在高校教学评价改革与创新过程中，应将信息技术引入教师评价，使高校教学中的师生互动不再流于形式，学生可利用互联网，随心所欲地与学习伙伴、授课教师进行沟通，实现学生主体地位的最大化。同时，教师可通过学生在云端反映的问题与内容，深入挖掘学生对哪门课、哪个章节、哪个知识点还没有掌握或想要更深入了解哪个知识点。此外，通过数据的计算和系统的分析，教师可以有效地激发学生的学习动机与求知欲，为满足不同类型学生的学习需求，设计不同程度、不同种类的学习内容，促进学生学习效果的提升。①

### （二）发展性原则

在高校教学评价改革与创新中，发展性原则是指根据发展性理念，提出一

① 张清. 课程思政视域下应用型高校教学评价改革研究[J]. 柳州职业技术学院学报，2022，22（5）：68-72.

定的发展性目标和发展性的评价方法和技术，对教学过程进行价值评判。发展性原则要求教学评价不仅要注重教师的主导地位，还要注重学生的主体地位，对学生进行学习评价。

在高校教学中，教师应构建具有创造性、教育性、操作性、实践性的以学生为主体的教学形式，让学生主动参与思考并主动实践，从而促进学生的综合能力发展。过程与方式、知识与技能、情感与价值观是发展性原则的重要内容。

### （三）导向性原则

高校教学评价是根据一定的教学目标制定的，通过对比现状与目标之间的距离，促使被评价对象不断接近既定的目标。信息化时代的高校教学评价并不是单一的评价问题，其评价目标也不仅仅是评优与鉴定，而是在此基础上引导教师更新教学观念，在实际的教学中体现新的教学观念，激励教师产生研究的兴趣与动机。因此，在高校教学评价改革与创新过程中，教师自身要积极、主动，同时注意调动学生的积极性和主动性，力求为教学双方在教学活动中展现自身的潜质构建出恰当的评价方法与体系。需要注意的是，高校教学评价的改革与创新，不仅要发挥导向性原则，而且要将这一原则贯穿始终。

### （四）过程性原则

任何事物的发展都有一个过程。教学实际上是一种师生共同参与其中的生命活动形式，不仅包括教师“教”的活动，而且包括学生“学”的体验。在教学活动过程中，学生不仅要获取知识技能，掌握基本的学习方法，还要发展自己的思维能力、与他人合作和交往的能力等。在高校教学评价改革与创新过程中，不能仅以测验和考试的方式对教学活动结束后学生的知识掌握情况进行评价，而是应该既注重结果的考查，又关注对学生学习过程的考查，从中了解学生学习的具体表现、思维特点、情感特性以及方法上存在的问题和个性上存在的缺陷等。这样得出的结论更有助于教师有针对性地改进教学。

### （五）主体性原则

作为教学主体的教师和学生在现实的高校教学评价活动中均处于消极被动的地位，尚未形成教师、家长、学生、高校管理者等多元主体共同参与、交互作用的评价模式。教学本是教师与学生、学生与学生的多边活动，教学过程的展开要以教师和学生的共同活动为载体。然而，在实际的教学评价活动中，评价者和被评价者的关系只限于教师对学生的评价，没有学生的自主评价、学生和学生的相互评价，也没有教师和学生的合作评价。

学生既是教学评价的客体，又是教学评价的主体。教学目标、教学内容、教学方法等是否得到实现或者较好地实施，只有通过对学生的知识和言语技能等各方面发生的变化进行评价后才能得出结论。因此，在高校教学评价改革与创新过程中，应坚持主体性原则，以学生的综合知识运用能力发展为出发点。这样的评价才能为绝大多数学生提供改进学习的最佳方案，才有益于学生认识自我，改变不良学习习惯，改进学习策略，有助于大学生反思和调控自己的学习过程，从而促进其综合语言运用能力的不断发展。这样一来，不仅可以增强学生学习的自信心，而且可以增强学生学习的自主性。

### （六）客观性原则

在高校教学评价改革与创新过程中，需要坚持客观性原则，即做到教学评价实事求是，不主观臆断，不掺杂个人的感情。在高校教学工作中，教学评价具有很强的科学性。教学评价是否具有客观性通常会直接影响教学效果。如果教学评价是客观的，就有助于促进教学目标的实现；如果教学评价是不客观的，教学就难以达到预定的目标。因此，在高校教学评价改革与创新过程中，必须坚持客观性原则进行教学评价，根据一定的教学目标来确定评价的标准，同时综合多重因素，考虑这一标准能否得到人们的认可。在教学评价的标准确定之后，不得随意更改，这也体现了客观性原则。

# 第三节　高校教学改革下的评价指标体系设计

高校教学改革下的评价指标体系设计大致可分为三步：第一步，一级评价指标的筛选；第二步，二级评价指标的筛选；第三步，对二级评价指标进行说明。

## 一、一级评价指标的筛选

在设计高校教学评价指标体系时，需要注意一级指标的数量不宜过多，否则会增加评价工作的难度和复杂度。但是，一级指标也不能过少，否则评价指标体系会缺乏全面性和可信度。表6-1是笔者基于高校教学评价改革与创新的需要筛选出的一级评价指标。

表 6-1　一级评价指标的筛选

| 指标 | 名称 |
|---|---|
| 一级指标 | 教学思想 |
| | 教学目标 |
| | 教学内容 |
| | 教学过程 |
| | 教学态度 |
| | 教师基本技能 |
| | 学生情况 |

## 二、二级评价指标的筛选

二级指标是对一级指标的进一步具体化和细化，有助于更加准确地评价高校教学质量。通过对每个一级指标的分析，笔者细化出了如表6-2所示的二级指标。

表 6-2　二级评价指标的筛选

| 一级指标 | 二级指标 | 一级指标 | 二级指标 | 一级指标 | 二级指标 |
|---|---|---|---|---|---|
| 教学思想 | 学科教学观念 | 教学过程 | 课堂结构 | 教师基本技能 | 导入、结课技能 |
| | 课程改革思想 | | 重点突出 | | 举例、提问技能 |
| | 现代教育技术应用思想 | | 资源利用 | | 组织技能 |
| 教学目标 | 目标正确 | | 难点突破 | | 板书技能 |
| | 适合学生 | | 课堂文化 | | 操作技能 |
| | 切合标准 | | 反馈评价 | | 语言技能 |
| 教学内容 | 教材处理 | 教学态度 | 课前准备 | 学生情况 | 学生知识掌握 |
| | 教学层次 | | 价值观 | | 学生教学活动参与 |
| | 教学设计 | | 情感 | | 学生综合素养 |

## 三、对二级评价指标进行说明

为了进一步增强高校教学评价指标体系的可操作性，笔者针对二级评价指标做了进一步的说明，具体内容见表6-3。

表 6-3　高校教学改革下的高校教学评价指标体系

| 一级指标 | 二级指标 | 二级指标说明 |
| --- | --- | --- |
| 教学思想 | 学科教学观念 | 鼓励学生发挥创造力，通过实践活动、项目研究等方式，提高学生解决问题和创新的能力 |
| | | 培养学生的独立思考和批判性分析能力，激发学生对知识的探究欲望，形成全面客观的思考习惯 |
| | | 培养学生自主学习、终身学习的意识和能力，使其能够主动探索和适应未来发展 |
| | 课程改革思想 | 调整课程设置，实现课程结构的合理化和系统化 |
| | | 根据学科和社会发展动态，调整和更新课程内容 |
| | | 运用翻转课堂、混合式教学等创新教学方法，提高教学质量和效率 |
| | 现代教育技术应用思想 | 运用多媒体手段，如图像、音频、视频等，丰富教学手段，提高教学的形象性和生动性 |
| | | 利用网络平台，为学生提供在线学习资源和交流平台，拓宽学习渠道 |
| | | 将信息技术与教育教学相结合，实现教学资源共享 |
| | | 利用现代教育技术手段，为学生提供个性化学习路径和资源 |
| | | 打造智慧课堂 |
| 教学目标 | 目标正确 | 教学目标明确、清晰、完整，符合各专业教学要求与教学实际 |
| | | 教学目标具有较强的可操作性，切忌假、大、空 |
| | | 教学目标需要贯穿教学的全过程，可分为短期目标、中期目标和长期目标 |
| | 适合学生 | 教学目标符合学生的认知水平、认知规律与心理特征 |
| | | 教学目标既要着眼于学生当前的发展，又要着眼于学生长远的发展 |

续　表

| 一级指标 | 二级指标 | 二级指标说明 |
|---|---|---|
| 教学目标 | 切合标准 | 课程标准是教学目标制定的重要依据，应与各专业课程标准相切合 |
| | | 各专业在知识、能力、素养上都有相应的要求，也应与这些要求相切合 |
| 教学内容 | 教材处理 | 对教材进行系统的分析，包括分析全册教材总体要求及基本内容、分析单元教材的教学目标及重难点、分析单课教材的具体目标及内容结构 |
| | | 合理地对教材内容进行编辑，丰富教材实例 |
| | | 将教材知识与现实生活和生活实际联系起来，合理安排内容 |
| | 教学层次 | 知识层面：知识讲述透彻，知识之间关系讲述清晰，让学生明白“是什么”“怎样进行联系” |
| | | 事实层面：讲述知识背景与学科文化，让学生适当了解知识背后的相关事实 |
| | | 方法层面：掌握多种教学方法，能够结合教学需要选择适合的教学方法 |
| | | 思维层面：思维清晰，有一定的宏观与微观思维能力，对每一个环节或知识的讲述清晰明了 |
| | 教学设计 | 教学过程设计内容完整、层次分明、循序渐进，体现教学目标，突出知识主线，教材内容把握完整准确 |
| | | 注重知识与现实生活的联系，凸显各专业知识的应用性 |
| | | 知识、技能、原理阐述清晰、准确，重点突出，难点分散 |
| | | 课堂容量适宜，难度适中，进度适中 |
| 教学过程 | 课堂结构 | 课堂内容与课前准备和课后活动有衔接关系 |
| | | 课堂教学过程中蕴含着学科教学思想、目标、内容、方法、技能、态度、过程、组织、媒介以及评价等方面的元素 |
| | | 课堂教学组织蕴含着内容与问题引入、讲述与讲解内容、操作与练习技能、思考与分析关系、概括与探究规律、总结与评价因果等方面的元素 |
| | 重点突出 | 突出重点，抓住关键 |

续　表

<table>
<tr><th>一级指标</th><th>二级指标</th><th>二级指标说明</th></tr>
<tr><td rowspan="7">教学过程</td><td rowspan="2">资源利用</td><td>充分利用现实生活中的资源</td></tr>
<tr><td>有效利用多媒体等现代教育技术资源</td></tr>
<tr><td>难点突破</td><td>运用富有启发性的教学方式和教学语言多角度地启发学生，帮助学生突破难点，使学生在知识、思维、能力、素养等方面得到发展</td></tr>
<tr><td rowspan="2">课堂文化</td><td>课堂氛围平等、民主，学生可以自由表达自己的观点，教师尊重学生个性</td></tr>
<tr><td>师生关系、生生关系和谐，合作积极愉快</td></tr>
<tr><td>反馈评价</td><td>积极给予学生反馈，采用恰当的方式对学生进行评价</td></tr>
<tr><td rowspan="6">教学态度</td><td rowspan="3">课前准备</td><td>课前有充分的准备，积极备课</td></tr>
<tr><td>对教材、学生的情况进行分析</td></tr>
<tr><td>准备好教具、教学技术等教学所需要的内容，双边活动设计合理</td></tr>
<tr><td>价值观</td><td>关注并渗透学科的科学价值、思想价值、文化价值、教育价值、应用价值</td></tr>
<tr><td rowspan="2">情感</td><td>热爱教育事业，关爱每一位学生，激发学生学习兴趣</td></tr>
<tr><td>认真讲好每一堂课，认真辅导学生，认真批改学生作业</td></tr>
<tr><td rowspan="8">教师基本技能</td><td rowspan="3">导入、结课技能</td><td>导入具有目的性、启发性、趣味性、直观性</td></tr>
<tr><td>导入时间控制合理，能激发学生兴趣，有效联系新旧知识</td></tr>
<tr><td>有效总结本节课的知识与思考，作业布置适当明确</td></tr>
<tr><td rowspan="3">举例、提问技能</td><td>举例准确、恰当、典型，具有启发性，能激发学生兴趣</td></tr>
<tr><td>提问时机得当，问点准确，问度适宜，问法灵活</td></tr>
<tr><td>能根据教学内容创设恰当的问题情境，教学问题指向清晰</td></tr>
<tr><td rowspan="2">组织技能</td><td>合理、有效组织教学过程</td></tr>
<tr><td>有效管理教学中学生的学习行为，课堂教学井然有序</td></tr>
</table>

续 表

| 一级指标 | 二级指标 | 二级指标说明 |
| --- | --- | --- |
| 教师基本技能 | 组织技能 | 教学各环节讲、练、演示、板书等内容的时间分配合理 |
| | | 教学民主，师生平等，课堂气氛活跃，氛围融洽 |
| | | 有效组织学生参与教学活动，包括社会实践活动 |
| | 板书技能 | 板书规范，编排布置合理，作图标准 |
| | | 板书设计工整、简明扼要、条理清晰 |
| | | 板书能体现知识的条理，便于学生思考记录 |
| | 操作技能 | 教育技术与传统教学工具使用合理 |
| | | 教学设备应用娴熟，能熟练运用现代化教学手段 |
| | 语言技能 | 准确、流畅地使用普通话，不使用方言、方音 |
| | | 发音清晰，吐字清楚 |
| | | 有效组织教学语言，生动、形象、简明，便于学生理解 |
| 学生情况 | 学生知识掌握 | 掌握必要的专业知识 |
| | | 新旧知识产生联系并相互整合 |
| | | 构建完整的知识体系 |
| | 学生教学活动参与 | 积极参与教学相关的活动，具有合作交流意识，并敢于质疑 |
| | 学生综合素养 | 创新能力：能够从多个角度思考问题，发现新的解决方案 |
| | | 团队合作能力：能够与他人协作完成任务，合理分配任务和资源 |
| | | 社会责任感：具有社会责任感，能够积极参与社会公益事业和志愿服务活动 |
| | | 艺术素养：具有一定的艺术鉴赏能力，对文化艺术有一定的了解和认识 |
| | | 独立思考能力：能够从多个角度看待问题，做出独立的判断和决策 |
| | | 终身学习意识：具有积极的学习意识和终身学习习惯，能够持续学习和更新知识 |

# 第四节　高校多元化教学评价体系的构建

高校教学评价改革与创新作为高校教学改革与创新中的重要一环，除要设计高校教学评价指标体系之外，还需要结合高校教学改革与创新的需要，探索高校教学评价的多元化发展。鉴于此，本节尝试构建高校多元化教学评价体系，为高校教学改革与创新探明发展路径。

## 一、评价主体的多元化

在确定高校教学评价的主体时，应考虑高校教学活动所涉及的各主体的作用，包括教师同行、学生以及教师自己。相较于单一评价主体而言，多元化的评价主体所涉及的思考角度更多（教师自身角度、大学生角度、教师同行角度），所得到的结果也更加客观和科学。

### （一）教师同行评价

教师同行评价是指教师之间相互评价教学工作，其主要目的在于促进教师之间的专业交流，提高教学质量。

#### 1. 教师同行评价的原则

为了提高教师同行评价的质量，评价过程应遵循以下原则。

①全面性原则。评价内容应涵盖教师在教学过程中所承担的各项任务，包括教学计划制订、教学过程组织、学生评价等方面。

②综合性原则。评价过程应综合分析教师的教学业绩、教学经验、教学创新能力等多方面因素，形成全面的评价结论。

③持续性原则。教师同行评价应定期进行，以便及时发现和解决教学中存在的问题，促进教师的不断成长。

#### 2. 教师同行评价标准

为了使教师同行评价具有指导意义，评价标准应具有明确性和可操作性。常见的评价标准包括以下几项。

①教学目标的实现程度。评价教师在课堂教学中能否有效实现教学目标，以及如何调整教学策略以更好地实现目标。

②教学方法的适用性。评价教师所采用的教学方法是否适合学生的需求，以及如何优化教学方法以提高教学效率。

③教学组织的合理性。评价教师在课堂管理、学生互动等方面的表现，以及如何改进教学组织以提高课堂效率。

④学生评价的合理性。评价教师对学生学习成果的评价方法是否公正、有效，以及如何优化学生评价以提高教学质量。

#### 3. 教师同行评价的方法

为了确保教师同行评价的有效性，评价方法的选择十分重要。常见的教师同行评价方法包括以下几种。

①课堂观摩。评价者通过观摩被评价者的课堂教学，对教学内容、教学方法、教学组织等方面进行评价。

②教学案例分析。评价者通过分析被评价者的教学案例，了解其在教学理念、教学策略等方面的优点和不足。

③专题研讨。教师之间通过开展专题研讨，互相交流教学心得，从而提高教学质量。

④教学材料互评。教师之间相互审阅、评价教学材料，如教案、试卷等，以提高教学材料的质量。

### （二）学生评价

学生评价是指学生对教师的教学工作进行评价，其目的在于了解学生对教师教学的看法，从而为改进教学提供依据。

#### 1. 学生评价的原则

学生评价的有效实施需要遵循以下原则。

①保密性原则。为确保学生真实、客观地评价教师教学，学生评价应实行保密制度，避免学生因顾虑而对教师教学进行不实评价。

②科学性原则。学生评价的设计应以科学的评价理论为基础，确保评价结果具有一定的可靠性和有效性。

③针对性原则。学生评价应关注教师教学中的关键环节和问题，有针对性地提出改进建议，以便教师快速找到教学中的短板并进行改进。

#### 2. 学生评价的标准

为了使学生评价具有指导意义，评价标准也应具有明确性和可操作性。常见的评价标准包括以下几项。

①教学内容的充实程度。评价教师能否充分、准确地传授课程知识，以及如何优化教学内容以满足大学生的需求。

②教学方法的有效性。评价教师所采用的教学方法能否激发大学生的学习兴趣，以及如何调整教学方法以提高学习效率。

③课堂氛围的活跃程度。评价教师在调动学生积极性、鼓励学生参与等方面的表现，以及如何改善课堂氛围以提高教学质量。

④学生评价的公正性。评价教师在评价学生学习成果时是否公正、客观，以及如何调整评价方式以增强评价的公正性。

#### 3. 学生评价的方法

学生评价方法的选择十分重要，常见的学生评价方法包括以下几种。

①问卷调查。通过设计有针对性的问卷，收集学生对教师教学的评价意见。

②小组讨论。组织学生进行小组讨论，让他们就教师的教学表现提出建议和意见。

③个别访谈。教师与学生进行个别访谈，了解学生对教师教学的具体感受和意见。

④课堂评价。教师在课堂结束时，邀请学生对本堂课进行评价，以便及时了解学生对教学的反馈。

### （三）教师自我评价

教师自我评价是指教师对自身教学工作进行自我分析、自我反思的过程，其主要目的在于提高教师的自我认知和教学水平。

#### 1. 教师自我评价的原则

为实现教师自我评价的目标，评价过程应遵循以下原则。

①客观性原则。教师自我评价应以客观事实为依据，避免夸大或贬低自身教学水平。

②全面性原则。教师自我评价应全面考虑教学活动的各个方面，包括教学内容、方法、组织等，以确保评价结果的全面性。

③发展性原则。教师自我评价应关注自身教学发展的长期目标，以促进教师持续成长。

#### 2. 教师自我评价的标准

教师自我评价的常见评价标准包括以下几项。

①教学目标的实现程度。评价自己在课堂教学中能否有效实现教学目标，以及如何调整教学策略以更好地实现目标。

②教学方法的适用性。评价自己所采用的教学方法是否适合学生的需求，以及如何优化教学方法以改善教学效果。

③教学组织的合理性。评价自己在课堂管理、学生互动等方面的表现，以及如何改进教学组织以提高课堂效率。

④学生评价的合理性。评价自己对学生学习成果的评价方法是否公正、有效，以及如何优化学生评价以提高教学质量。

⑤专业发展的持续性。评价自己在教育教学领域的专业成长，如参加培训、开展科研等方面的表现，以及如何制订和实施专业发展计划以促进持续成长。

#### 3. 教师自我评价的方法

教师自我评价方法的选择同样十分重要，常见的教师自我评价方法包括以下几种。

①自我反思。教师对自己的教学过程进行反思，总结教学中的优点和不足，提出改进措施。

②教学日志。教师记录每堂课的教学内容、教学方法、学生反应等方面的信息，以便进行有针对性的自我评价。

③专业发展计划。教师制订专业发展计划，明确自己在教学、科研等方面的目标，以便进行有针对性的自我评价。

## 二、评价方法的多元化

教学评价的方法有很多，而每一种评价方法都有优点和不足，所以需要采取多样化的教学评价方法，以此来弥补单一教学评价方法的不足。在注重评价方法多元化的同时，教师还需要立足学生发展，同时结合各专业教学的特点，选取适合的教学评价方法。下面，笔者简要论述几种适用性和实效性较强的教学评价方法。

### （一）全过程评价法

顾名思义，全过程评价法就是贯穿教学全过程的教学评价方法。同时，该教学评价方法也聚焦于学生的学习，可以更加全面地反馈教学的质量。全过程评价的“全过程”主要体现在课前、课中和课后三个环节上，而基于不同的观察主体，在这三个环节展开的教学评价也存在差异。①

1. 基于对教师的观察

①课前准备阶段。评价教师是否充分了解教材内容，确定明确的教学目标和计划，合理安排教学活动，以及准备适当的教学资源和辅助工具。

②课中教学阶段。评价教师在教学方法、组织管理能力、教学语言表达、教学互动等方面的表现；观察教师是否关注学生的个性差异，及时调整教学策略，以及及时处理突发问题。

③课后反思阶段。评价教师是否能根据教学效果进行反思与总结，找出问题所在，提出改进措施，并对学生的学习状况进行跟踪和关注。

2. 基于对学生的观察

①课前学习阶段。评价学生的预习情况，如完成预习任务、了解教学目标、提出疑问等。

②课中参与阶段。评价学生在课堂上的学习态度、参与度、合作能力、创新能力等方面的表现；观察大学生是否能积极发言、提问、回答问题，并参与小组讨论等。

③课后复习阶段。评价学生的课后学习情况，如完成课后作业、查漏补缺、自主探究等。观察学生是否能根据课堂教学进行反思，改善学习效果。

通过全过程评价法，教师可以更好地了解学生的学习需求和问题，提高教学质量；同时，学生也能更好地了解自己的学习状况，改善学习效果。全过程评价法有利于形成良好的教学互动，促进教师和学生的共同成长。

### （二）调查法

调查法是指通过预先设计的问题请有关人员进行口述和笔答，从中了解情况，获得所需资料的评价方法。调查法可用于了解学生的学习兴趣和态度、学习习惯和意向、对教学过程和教学效果的意见、学习资源对学生的效果等，从而判断教学或学习资源的有效程度，为改进教学或学习资源提供依据。调查法的常用形式有问卷和访谈两种。

1. 问卷调查法

问卷调查法又称“问卷法”，是调查者运用统一设计的问卷向调查对象了

① 卫建国，汤秋丽. 新时代高校教师教学评价改革与创新论析[J]. 黑龙江高教研究，2023，41（2）：33-37.

解情况或征询意见的调查方法。问卷调查法以书面提出问题的方式收集资料，由研究者将所要研究的问题编制成问题表格，以邮寄、当面作答或追踪访问的方式让被评价者填答，从而了解被评价者对某一现象或问题的看法和意见。问卷调查法的关键在于编制问卷、选择被评价者和结果分析。

（1）问卷调查法的应用场景

问卷调查法在高校教学评价中可以用于收集大量学生、教师以及其他教育利益相关者的意见和建议，具体应用场景包括以下几方面。

①学生对教师的教学评价。通过设计有针对性的问卷，了解学生对教师教学方法、教学内容和课堂组织等方面的满意程度，为提高教学质量提供依据。

②教师对课程和教学资源的评价。通过问卷收集教师对课程设置、教材使用和教学资源等方面的意见，以便对教学环境进行优化。

③学生对课程和学习资源的评价。通过问卷了解学生对课程内容、课程难度、学习资源等方面的需求和期望，以提升学生的学习体验。

（2）问卷调查法的实施步骤

在高校教学评价中，问卷调查法的实施步骤如下。

①确定研究目的。明确问卷调查的目的，如评价教学质量、了解学生满意度等。

②设计问卷。根据研究目的设计问卷，包括选择合适的问题类型（如选择题、填空题、问答题等），确保问题具有针对性、简洁性和易于理解性。

③编写问卷。根据设计好的问题，编写问卷内容，保证文字表述准确、清晰。同时，注意问卷的版式和排版，使其易于阅读和填写。

④问卷预测试。在正式调查前，对一小部分被评价者进行预测试，以检验问卷的合理性、有效性和可行性，根据预测试结果，对问卷进行必要的修订。

⑤分发问卷。将问卷分发给被评价者，可以采用线上（如电子邮件、在线问卷平台等）或线下（如纸质问卷）的方式进行。

⑥收集问卷。设定问卷的截止时间，按时收集已填写的问卷。对于线上问卷，可以通过在线平台收集数据；对于纸质问卷，需要进行人工收集。

⑦整理数据。对收集到的问卷数据进行整理，将纸质问卷的数据录入电子表格，对线上问卷数据进行汇总。

⑧数据分析。对整理好的数据进行分析，可以采用描述性统计、频数分布、交叉分析等方法，根据研究目的得出结论。

⑨结果报告。将数据分析结果整理成报告，包括研究背景、目的、方法、

结果、结论和建议等部分。结果报告应具有清晰的结构和逻辑性。

⑩提出改进建议。根据问卷调查结果，为高校教学提出具体的改进措施和建议。

### 2. 访谈调查法

访谈调查法是以当面提出问题与交谈方式收集资料的研究方法。在访谈调查法中，评价者与被评价者双方要认真实施访谈调查，以确保调查获取到真实的数据，达到预期目标。

（1）访谈调查法的应用场景

访谈调查法在高校教学评价中可以用于深入了解学生、教师以及其他教育利益相关者的需求、期望和对教学过程及教学效果的看法，具体应用场景包括以下几方面。

①学生对教学过程和教学效果的深度反馈。通过访谈了解学生对教学过程中存在的问题、教学效果的满意程度以及改进建议。

②教师对教学发展和专业成长的需求分析。通过访谈收集教师对教学发展、教学创新和专业成长等方面的期望和需求，以便提供有针对性的支持和培训。

③学术领导和行政人员对教学管理和政策的评价。通过访谈了解学术领导和行政人员对教学管理、政策制定以及教学质量保障等方面的意见和建议。

（2）访谈调查法的实施步骤

在高校教学评价中，访谈调查法的实施步骤如下。

①确定研究目的。明确访谈调查的目标，如了解教师对教学方法的看法、收集学生对课程满意度的反馈等。

②设计访谈提纲。根据研究目的，设计访谈提纲，包括主题、问题和关键词。访谈问题应具有开放性、针对性和易于理解性。

③选择访谈形式。根据研究需求，选择适当的访谈形式，如个别访谈、小组访谈或焦点小组访谈。同时，确定访谈的方式，如面对面访谈、电话访谈或在线访谈等。

④确定受访者。根据研究目的，选择具有代表性的受访者，如教师、学生、行政人员等，同时要确保受访者的多样性，以便收集全面的意见和建议。

⑤安排访谈。与受访者协商确定访谈时间、地点和方式，确保访谈过程顺利进行。

⑥进行访谈。按照访谈提纲进行访谈，保持中立，尊重受访者，并鼓励他们充分表达自己的观点。注意记录关键信息，如受访者的话语、情感反应等。

⑦整理访谈记录。在访谈结束后，尽快整理访谈记录，将关键信息和观点进行归纳和总结。

⑧数据分析。对整理好的访谈记录进行定性分析，如内容分析、主题分析或范畴分析等，从中提炼出关键观点和主题。

⑨结果报告。将分析结果整理成报告，包括研究背景、目的、方法、结果、结论和建议等部分。报告应具有清晰的结构和逻辑性。

⑩提出改进建议。根据访谈调查结果，为高校教学提出具体的改进措施和建议。

## （三）跟踪评价法

### 1. 跟踪评价法的概念与特点

跟踪评价法是一种持续的、动态的评价方法，是通过在一段时间内对教学过程和结果进行多次观察和分析，以了解教学的变化趋势和影响因素，从而为教学改进提供有力依据的评价方法。

在高校教学评价中，跟踪评价法具有以下特点。

①动态性。跟踪评价法关注教学过程和结果的变化，能够反映教学的发展趋势和问题的演变。

②持续性。跟踪评价法在一定时间内进行多次评价，有助于监控教学质量，及时发现和解决问题。

③系统性。跟踪评价法从不同维度、层面对教学进行评价，有助于全面了解教学过程和结果。

### 2. 跟踪评价法的实施步骤

在高校教学评价中，跟踪评价法的实施步骤如下。

①确定评价目标。明确跟踪评价的主要目标，如提高教学质量、改进教学方法、优化课程结构等。

②设定评价指标。根据评价目标，设定具体、可衡量的评价指标，如学生满意度、教学成果、课程改进度等。

③制订评价计划。确定评价的时间节点、频率和方法，确保评价过程的顺利进行。

④收集数据。在设定的时间节点上，采用问卷调查、访谈、观察等方法收

集教学过程和结果的相关数据。

⑤数据分析。对收集到的数据进行分析，如描述性统计、趋势分析、相关性分析等，以了解教学的变化情况和影响因素。

⑥结果反馈。将评价结果及时反馈给相关人员，如教师、学生、高校管理者等，以便他们根据评价结果改进教学。

⑦跟踪改进情况。在教学改进后，继续进行评价，以了解改进措施的实施效果和持续性。

⑧调整评价计划。根据实际情况，对评价计划进行调整，以更好地满足教学评价的需求。

⑨形成评价报告。将跟踪评价过程和结果整理成报告，包括研究背景、目的、方法、结果、结论和建议等部分。报告应具有清晰的结构和逻辑性。

⑩提出改进建议。根据跟踪评价的结果和分析，为高校教学提出有针对性的改进措施和建议，以促进教学质量的持续提升。

### （四）档案袋评价法

#### 1. 档案袋评价法的概念

档案袋是指长期、有目的、有计划地对与学生的学习过程和成果有关的信息、资料进行收集而形成的类似于档案的文件集。档案袋的建立过程是收集、选择和反思的过程。

电子档案袋是以数字化形式记录的学习档案。计算机与网络技术以其强大的交互性、广泛的传播性、数据收集整理的即时性以及便捷的数据统计分析功能，为电子档案袋的构建及使用提供了强劲的技术支持。电子档案袋的设计主要包括目的、体现能力的证据和测评标准。其中，目的可以作为确定档案袋内容构成的依据，是在电子档案袋实施前，依据课程的总体规划和具体的教学目标来制定的。

档案袋评价法是一种以计算机和网络技术为基础，遵循形成性评价、发展性评价和真实性评价的理念，对学习过程进行评价的具体方法和手段。档案袋评价法既能够帮助学生和教师对学习过程做出更综合、更全面的评价，适时地给学生以方向性的引导，也能够在学习过程中推动形成性评价的进行。

#### 2. 档案袋评价法的实施步骤

档案袋评价法的实施可以从三个方面进行：学期开始、学期中间、学期结束。学期开始，确定档案袋内容—确定作品形式—确定评价的标准—确定时间计划；学期中间，学生按照计划完成学习任务—教师对学生予以指导—教师与学生进行面谈；学期结束，教师将电子评价表发给学生，让学生进行自评—交换档案袋，让学生进行互评—教师对档案袋进行终评。①

（1）确定档案袋的内容

在信息化时代的高校教学中，教学目的包含语言知识、语言技能、文化知识等层面，因此评价所用的档案袋应该能够反映出学生为了实现这些目标而付出的努力、增长的知识、增长的能力、完成任务的情况等内容。因此，档案袋的内容主要取决于教学目的、教师、学生等因素。

（2）确定作品的形式

证明学生学习过程、学习效果的形式有很多，除传统的标准化测试之外，调研报告、学习日记、学习档案袋、学习成果展示、团队合作项目等也是比较好的形式。这些形式可以是口头的，也可以是书面的；可以是实物的，也可以是声像的；可以是历时的，也可以是现时的；可以是探索性的、实验性的，也可以是描述性的。评价内容不同，其采用的评价形式也不一样。例如，要想评价学生的跨文化交际能力，观察描写法、角色扮演法就是最好的方法。

另外，作品的形式还取决于教师与学生对不同评价形式的熟悉程度。当然，教师应该对学生进行指导和培训，尽可能地使用更多不同的评价形式。

（3）确定评价的标准

传统的标准化测试的优点在于有明确的标准，易于评价，而其他非定量的测试往往具有较强的主观性，很难保证可靠性。虽然有这些问题，但近年来随着口语测试、写作测试相关研究的深入，针对非标准化测试、非客观测试的可靠性已经开发出了一些好的评价标准。这些评价标准往往是针对知识、态度、能力等评价项目而言的，是根据不同学生的不同表现来描述的，可能是优秀，可能是很好，可能是一般，也可能是差。

（4）确定时间计划

与传统评价方式不同，档案袋学习评价法是从学期开始延续到学期结束，包括很多内容与形式，因此在学期开始之前，教师应该让学生确定整个计划。学生在与教师确定各个项目的标准、形式、时间的过程中，自然而然地就成了学习评价的参与者。他们不仅清楚自己的学习任务，而且由于自己之前已经参

① 钟佳容，欧阳修俊. 本科师范生档案袋评价法的实践困境与改进策略[J]. 高教论坛，2018（4）：83-85.

与制订标准与计划，在执行的时候也比较轻松和主动，积极性较强。[①]

（5）学生按照计划完成学习任务

评价活动不仅是在课内进行的，也有很多是在课外进行的。诸如介绍、演讲等往往是在课内进行的，而课外阅读、课外听力、学习日记和写作练习等往往是在课外进行的。但是，无论是在课内进行的评价还是在课外进行的评价，学生都需要按照一定的时间计划来逐一进行。

（6）教师对学生进行指导

虽然评价内容、评价形式、评价标准、时间计划等都已经得到了确定，但是教师不能完全撒手不管，任由学生独立完成。由于每一个评价项目都包含知识与技能的评价要点，教师需要教授和引导学生弄清楚每项学习任务的目的与意义，并且对评价标准予以重申。只有这样，学生才能把握住信息化时代背景下的学习要点，掌握学习的技巧和方法，按时完成学习任务，更好地实现教学目标。

（7）教师与学生进行面谈

在学生完成任务的过程中，教师还可以和学生进行面谈，了解学生任务的进展情况，并回答学生在执行任务时所遇到的问题，这样才能与因材施教原则相符合。当学生与教师进行单独交谈时，可以畅所欲言，向教师表达自己的学习困难和学习体会。同时，通过这样的交流，教师也可以了解学生的学习境况，指出学生在学习中的不足，并帮助学生解决学习任务中的问题。这样的交流也可以拉近教师与学生之间的关系。使用档案袋学习评价法，学生的最终成绩是根据整个学期学生完成的各项学习任务来评定的。如果教师能够与学生多进行几次面谈并给予学生足够的鼓励和建议，则有利于促进学生学习效果的改善。

（8）根据评价表，学生进行自评

在学期结束后，所有学习任务的档案袋已经完成，这时教师需要将评价表发给学生，让学生根据自己的学习情况、任务完成情况及完成任务过程中的表现进行评价。通过学生的自评，不仅有利于让学生回顾自己的学习过程和所取得的成绩并进行反思，还有利于学生发现自身的不足，明确自身以后努力的方向。

---

① 吴立宝，曹雅楠，曹一鸣. 人工智能赋能课堂教学评价改革与技术实现的框架构建[J]. 中国电化教育，2021（5）：94-101.

（9）交换档案袋，学生进行互评

信息化时代的高校教学更加推崇学生与学生之间的相互学习。借助网络手段，通过阅读和学习其他同学的档案袋，学生不仅可以了解他人的学习情况以及取得的成就，也可以反思自己的不足，从而做到取长补短。另外，在对他人的档案袋进行评价时，学生必然会对评价标准进行斟酌，力求给出一个公正、客观的成绩，这也就构成了学生再学习的机会。

（10）教师对档案袋进行终评

在整个学期中，教师都在对学生学习情况进行评价，而学期结束之后的评价，是教师对学生之前的情况的综合评价，是在参考学生自评、学生互评的基础上进行的最终评价。

# 第七章　高校教学质量监控机制的构建

高校教学质量监控体系的构建与实施，是保障高校教学质量不断提高的一种有效机制，也是当前高等教育管理和改革的重要内容。通过教学质量的监控与评价，可以及时获得教学过程中各个要素、各个环节和工作状态的信息反馈，对教学过程进行准确和客观的监控、评判与调整，以有效的手段约束和激励教学的组织者和实施者，使高校的教学质量持续提高并进入良性循环的轨道，推动高校教学质量管理的进一步系统化、合理化、科学化，实现高校办学水平和社会地位的不断提升。

## 第一节　高校教学质量监控概述

对高校教学质量实施监控，能确保各教学环节有效运转，真正做到按教学发展的规律组织教学，运用科学的方法管理教学，同时调动师生在教学当中的积极性、创造性，实现高校教学管理科学化、民主化。

### 一、教学质量监控

从系统科学的基本原理来解释，监控是人们按照某种目的或愿望，通过一定的手段，给系统提供一定的条件，使其沿着可能的空间中某个确定的方向发展，消除不确定性。换言之，监控是施控主体对受控客体的一种能动的作用，这种作用能够使受控客体根据施控主体的预定目标行动，并最终达成这一目标。这一定义明确指出，监控目标、内容、实施手段以及效果的达成等是监控活动的实施必须关注的几个重要因素。

在当前的教育理论和实践研究中，对于教学质量监控的内涵，主要的观点大致有以下几种。第一，教学质量监控就是有目的地对教学质量系统进行评价、监督和施加作用，使教学质量达到预期的目的。教学质量监控体系主要由教学质量和监控两部分组成。其中，教学质量由教师教学质量、学生学习质量以及课程质量、学科专业质量与高校整体教学质量等组成；监控部分则由评价、反馈、纠偏与激励等组成。第二，教学质量监控是对诸如师资力量、学生素质、教学设施的水准以及教学管理工作的水平进行监控，以便高校领导和教学管理部门及时调整工作，纠正偏差，协调关系，促进各方面充分发挥潜能，确保人才培养的质量达到预期目标。第三，教学质量监控是一种管理工作过程，它以从专业培养目标引申出来的教学质量目标为标准，检查、衡量、判定并纠正教学实施过程与教学质量目标的偏差，以确保实现教学质量目标的的有效性。第四，教学质量监控，是指根据预定的标准，对教学过程进行监测和调控，确保教学过程的各个阶段以及最终结果（即学生成长水平）都能达到预期的目标，并向好的方向发展。

综上所述，教学质量监控，是指根据预定的标准，采用一定的方式方法和手段，对教学准备、教学过程、教学结果等各个环节进行监测和调控，以确保教学质量达到预期目标，增强教学有效性的实践活动或行为。教学质量监控体系包括目标的制定，各主要教学环节质量标准的建立，教学质量信息的收集、整理与分析（统计与测量）、评估、信息反馈、调控等环节。教学质量监控作为高校教学管理的一个重要方面，其功能在于及时、准确地接收和利用各种反馈信息，及时了解和分析教学管理工作中出现的偏离预定目标和要求的情况，并采取相应措施予以纠正。根据实施监控的主体和范围，教学质量监控可分为外部监控和内部监控两种类型。教学质量外部监控，主要是指高校以外的机构或部门（教育行政部门、社会团体等）对高校总体教学质量进行监督与评估。教学质量内部监控，则是指高校行政、教务部门以及教师对教学的全过程进行质量监督与控制。①

① 朱丹君. 专业学位硕士研究生教学质量监控体系建设[J]. 印刷与数字媒体技术研究，2024（3）：196-205.

## 二、构建高校教学质量监控机制的意义

### （一）构建高校教学质量监控机制是高校生存与发展的迫切要求

改革开放以来，特别是进入21世纪以来，随着我国高等教育由精英化向大众化的迅速转变，全国高校和高等教育发生了天翻地覆的变化。首先，是原有普通高校大量扩招，在校学生人数轮番上涨，高校规模急剧膨大，校园用地面积快速扩充，不少高校不得不开辟第二甚至第三校区，甚至不少高校跨地区、跨省区开办了分校或分部。同时不少原有的大专院校变成了本科大学，有的中专院校甚至摇身一变步入了普通本科院校的行列。其次，尚有广播电视大学、网络大学、函授大学、成人继续教育大学、自学考试大学，以及犹如雨后春笋冒出来的各类民办大学等。如此巨变，几乎造成了全国性的师资严重匮乏，教学场地、教学实验设备、图书资料等严重不足，有些高校甚至连教师和学生最起码的居住、用餐、体育健身等生活条件尚不具备，直接影响高校教学质量和高校人才培养目标的实现。由此可见，现阶段我国高校的生存与发展确实面临着严重的危机和严峻的挑战。近年来，尽管不少普通高校也认识到这方面的问题，开始了教学质量的初步监控与管理，但依然是很初步、很肤浅的。一是监控范围较小。高校对于教学工作中的静态要素如教学计划等监控较多，而对教学计划的执行、教学内容和教学方法等动态要素监控不足；对于教师的教学活动监控较全面，而对学生的学习过程监控不严格；对学生的课本知识考核严格，而对学生的人文素质和创新能力考核不到位等。二是高校教学质量监控工作缺乏科学性、整体性。高校教学评价体系还不能完全排除人为因素的影响，使评价结果缺乏科学性。另外，高校教学质量监控还基本处于较为松散的状态，没有对各个环节进行合理的安排，没有形成体系。这样的高校教学质量监控工作影响了高校教学的整体效果。三是高校教学质量监控管理制度不完善。目前许多高校尚未建立适应自身的高校教学质量监控管理制度，影响了整个高校教学质量监控工作的开展与运行。由此可见，构建高校教学质量监控机制无疑是现阶段高校生存与发展的客观要求。

### （二）构建高校教学质量监控机制是高校确保人才培养质量的重要保障

俗话说：“十年树木，百年树人。”人才培养是一个复杂的系统工程，教学作为人才培养这一系统工程的重要组成环节，承担着对学生传授知识、培养学生能力和提升学生素质的重要任务，直接影响人才培养质量。高校作为高

级专门人才培养的摇篮，其最终目标是为一定社会培养所需要的人才服务。因此，在人才培养过程中应该十分重视教学质量，应该把教学质量的提高看成提升高校影响力和促进学生生存发展的关键。构建完善的高校教学质量监控体系，可以充分调动教师、学生及教学管理人员的积极性，激活教学过程的各种要素，从而促进和提高教学质量。同时，通过对高校影响人才培养各因素的有效监控，可以促使高校领导及教学管理部门及时调整工作思路，纠正教学及教学管理中出现的偏差，确保人才培养的质量达到预期目标。

### （三）构建高校教学质量监控机制是高校实施全面教学质量管理的重要举措

高校教学质量监控与保障本身就是高校全面教学质量管理的重要手段和工作过程，它是在高校教学质量评估的基础上，通过一定的组织结构，按照一定程序，对影响高校教学质量的诸要素和高校教学过程的各个环节，进行积极、认真的规划、检查、评价、反馈和调节，以确保高校的教学工作按计划进行并达到高校教学质量要求的过程。监控的作用在于监督各项活动以保证它们按计划进行并纠正各种偏差。因此，监控工作是质量管理工作中重要的一环。高校教学质量监控工作能够促使高校合理、高效地利用各种资源，适应社会环境的变化。构建高校教学质量监控机制可以使学校各部门及时地发现自身存在的问题并及时地加以改正，有效地提高高校教学的整体水平。

### （四）构建高校教学质量监控机制是突出高校核心功能的长效机制

众所周知，人才培养、科学研究、社会服务是当今高校的三大功能。其中人才培养位居三大功能之首，是高校首要的、核心的，也是决定性的根本功能。在某种程度上，可以说没有人才培养功能，就不能称之为“学校”，更不能称之为“高校”。人才培养是通过有目的、有组织、有计划的教学活动来实现的，而教学活动必须有一定的教学质量做保证。教学质量既是教学活动的保证，又是教学活动的灵魂，否则教学活动将会是一种无意义的活动。因此，教学质量是决定高校人才培养的关键性因素，也是决定高校生存与发展的生命线。构建科学的高校教学质量监控机制则是高校教学质量的根本保证，也是保证高校教学质量不断提高的长效机制。从管理学的角度来看，高校教学质量监控机制的建立与运行，对高校教学质量管理工作具有多方面的促进作用。它不仅可以使高校教学的各要素、各环节和工作状态获得及时的评价和反馈，而且可以结合评价中的各种手段激励和调动教师的积极性；不仅可以使高校教学质量管理工作实现科学化和严密化，而且可以使高校教学质量管理工作实现高效化和艺术化，可以使高校教学质量的提高进入一个良性循环的轨道。特别是在当前社会竞争日益激烈的形势下，构建高校教学质量监控机制无疑具有极端重要的理论意义和现实意义。

## 第二节　高校教学质量监控机制的影响因素和功能

系统工程理论认为，系统是由若干个具有独立功能的要素构成的，这些要素之间相互联系、相互制约，共同完成系统的总目标。从系统工程学的角度而言，系统一般具有目的性、可分性、层次性、相关性、整体性和适应性等特征。高校教学质量监控机制作为保障高校教学质量的系统，要想科学地构建，就必须对其影响因素和功能进行深入解析。

### 一、高校教学质量监控机制的影响因素

系统是相互作用着的诸种要素的复合体。那些基本的、关键的要素决定和影响着系统的结构和功能，包括监控者、被监控者、监控活动和监控目标。这些要素同样也是高校教学质量监控机制的影响因素。

#### （一）监控者

监控者，是指在高校中实施教学质量监控的有关机构和人员。它主要由校、院、系（或教研室、专业负责人、课程负责人等）和学生四个层次构成。

*1. 第一层次*

第一层次是高校教学质量监控管理机构及人员，其具体包括高校教学工作委员会、高校主管校长、高校教学督导委员会以及教务处等相关机构和人员。高校教学工作委员会是负责全校教学工作的领导机构，在校长的领导下开展工作，对高校教学改革、教学建设及教学管理中的重要问题进行审议、监督和实施。高校教学工作委员会由校行政领导、相关职能部门负责人、教学单位主管教学负责人及专职教师代表组成。

高校教学质量监控管理机构及人员在整个高校教学质量监控中起主导作用。其中，教务处的作用尤为突出，其职责是在校长的领导下，对高校教学工作进行组织和调度，代表高校行使全校的教学质量管理责任，主要负责制订高校教学质量管理方案，抓好高校教学的组织安排及高校教学运行过程中的质量调控，开展经常性的高校教学质量调研，组织开展高校教学质量检测评估，组织高校教学工作的计划、总结、交流，建立健全高校教学质量监控工作制度，代表高校对各学院、各专业教学工作进行高校教学质量管理，并指导学院和基层的高校教学质量监控和管理工作。高校教学督导委员会是高校教学工作的检查督导和咨询参谋机构，在校长的领导下对高校的教学工作进行监督、检查、评估、审议、指导，多渠道快速反馈高校教学工作信息，强化高校教学管理工作的调控职能，保证有关教学管理规章制度的贯彻执行。

### 2. 第二层次

第二层次是学院教学质量监控管理机构及人员。其具体包括学院党政负责人、教学副院长、学院教学督导小组、学院教务办公室主任、学院教学秘书等。学院教学质量监控管理机构及人员的主要职责是依据高校办学指导思想和高校教学质量管理规定，对所属专业的培养方案、各个教学环节的安排、教学检查等工作进行统一领导和管理，组织实施各项教学活动，开展教学质量研究及教学质量检测，总结交流经验，集中精力进行教学基础建设，并指导各专业负责人和课程负责人对课程和教师的教学质量进行管理，对学生的学习活动实行有效管理。

### 3. 第三层次

第三层次是系（或教研室、专业负责人、课程负责人等）教学质量监控管理机构及人员。该层次是教学质量监控的基础，其主要职责是根据校、院两级教学质量管理的目标和教学计划要求，对所属课程的各个教学环节进行组织管理，包括编写教材和讲义、审批教案、组织教师进行业务学习、开展教研活动、进行教学改革、交流教学经验、检查授课质量、反馈教学质量信息，以及督促检查教学规章制度的执行，对学生的学习活动进行辅导及管理。

### 4. 第四层次

第四层次是学生。学生是监控者要素中不可或缺的组成部分。长期以来，传统的教学以及教学活动组织实施的方式，决定了在传统的高校教学质量监控体系中，学生仅作为被监控者而存在，其监控者职能受到了严重忽视。基于全面质量管理构建的高校教学质量监控体系，其最基本的要求就是全面、全过程和全员。在当前，充分发挥学生的主体作用逐渐成为高校教学改革的重要内容。因此，要促进高校教学质量的不断提高，就必须从改革高校内部教学管理的角度出发，培养学生作为教学活动的直接受益群体应有的主人翁意识，培养学生对教学过程的自由选择和自我调控能力，使学生能够对关系到自己切身利益的教学活动的组织实施过程进行主动的监控与管理。

### （二）被监控者

在高校中，凡是对高校教学质量构成影响、发生作用的一切因素都应是受控的对象。这种影响因素具有多方面、多层次、多因素的特点，主要包括人的因素、物的因素和管理因素三方面。

从影响高校教学质量的人的因素来看，高校教学活动主要是教师“教”、学生“学”、干部“管”的共同活动。因此，人的因素主要包括教师、学生和教学管理人员。

影响高校教学质量的物的因素，主要是高校为了保证教学及其管理所提供的物质条件，可分为直接影响因素和间接影响因素两大类。直接影响因素主要有教室、实验室、运动场、图书馆等场地、场所以及教学仪器设备、教材图书资料等；间接影响因素则主要包括生活后勤服务条件，如宿舍、食堂等。

在教学系统中，人的因素和物的因素虽然有他们各自独立的地位和功能，但它们又可作为一个整体发生作用。要想使各因素之间形成最佳组合，发挥最佳效率，就离不开科学规范的管理。只有管理组织严密，规章制度健全，管理方法先进，科学管理水平高超，人和物的作用才能充分发挥，高校教学质量才能得到保证。因此，管理水平的高低是影响高校教学质量的重要因素，也是重要的受控对象。

### （三）监控活动

监控活动主要是指高校教学质量监控中监控者对被监控者实施的控制活动的内容、形式（方式、方法、手段、途径）以及这些活动实施的过程。[①]

#### 1. 监控内容

监控的内容主要有教学基本建设、教学运行状况和教学管理的情况。教学基本建设包括学科、专业、课程、教材、实践教学基地、学风、教学队伍、管

① 马立贤，杨晴，马林旭．“三维一体”高校内部教学质量监控体系构建研究[J]．天津中德应用技术大学学报，2024（4）：18-25.

理制度等建设。它是保证高校教学质量的基础，反映的是高校教学质量的静态条件。教学运行状况反映的是高校教学质量的动态活动，主要包括教师教学的情况和学生学习的情况，前者包括教师的课程授课计划、备课、上课情况、课后辅导、作业布置与批改以及对学生学业成绩的检查与评定，后者则主要包括学生的课前预习、听课、课后复习、练习和系统小结等情况。教学管理本身也是高校教学质量监控的重要内容，它的监控重点主要在于高校教学管理组织机构严密与否、高校教学管理岗位职责明确与否以及高校教学管理运行规章制度的健全和贯彻落实。

2. 监控形式

监控形式所反映的是高校教学质量监控的方法、方式、手段等，它主要体现在规章制度、督导检查、评估评价和反馈调节等方面。规章制度是高校教学质量监控与管理的基础，它包括教学计划、教学大纲、学习进度计划、教学日历、课程表、教学总结等基本教学文件的制定，学生成绩考核管理、实验室管理、排课与调课、教学档案管理等管理制度，以及教师和教学管理人员岗位职责和奖励制度、学生守则、课堂守则、课外活动规则等学生管理制度。督导检查是高校教学质量监控管理经常采用的形式，有经常性的督导检查和定期督导检查两种。前者主要通过平时作业、检测、期中考试、座谈会、检查性听课等方式进行；后者一般有开学前的教学准备工作检查、期中检查和期末检查等，也可分为常规教学质量督导检查和重点项目督导检查。评估评价是高校教学质量监控的有力手段。从高校内部的教学质量监控来看，一般有学院教学工作评估、系及教研室教改教研工作评估、教学基本建设评估、教师教学质量评估和学生学习质量评估等。

3. 反馈调节

反馈调节是通过建立有效的高校教学质量反馈信息渠道，及时准确地收集整理反馈得来的信息，随时调节高校教学工作，使其始终处于良性运行状态。这包括教师教学的质量信息和学生学习的质量信息，以及高校培养的人才进入社会，通过用人单位的使用，接受社会实践检验的信息。这种反馈信息的收集除可以通过教学检查、教学督导和评价以及听课获得之外，还可以通过建立各级信息反馈网来获得，即学生信息网、教师信息网和毕业生信息网。

4. 实施过程

从监控活动的实施过程来看，主要有大过程和小过程之分。大过程是指从招生—计划—教学—毕业这一学生从输入到输出的全过程，它所反映的是学生的基本成型过程，必须始终置于高校教学质量的有效监控和管理之下；小过程则是指一个监控管理周期，包括制订计划—运转调控—检测评估—总结提高，一般可以是一个学期。

### （四）监控目标

高校教学质量监控的目标，是指高校教学质量监控希望得到的结果。建立高校教学质量监控目标子系统是高校教学管理的基础与前提，高校教学质量监控以高校教学质量监控目标为标准，高校教学质量监控的结果按完成目标的程度来评价。高校教学质量监控目标子系统可描述为总目标—教学过程和目标—影响因素分目标—教学保证分目标—教学质量分目标。

高校教学质量监控首先应有一个能统领全局、发挥灵魂和核心引领作用的总目标。这个总目标常常是高校人才培养的基本质量规格，体现了不同高校的特色，为高校每一个成员所认可。整个学校的教学质量监控都应以此种目标为根据，以达成此目标为理想追求。高校教学质量监控是在系统的可能性监控空间中进行有目的的、有方向的选择，总目标的设定就起着两种方向选择与引导的作用。虽然在高校教学质量监控过程中，不可能完全实现总目标，但是可以努力缩小不确定性空间，使其接近理想状态。因此，还需要根据总目标与分目标的统揽关系，对总目标进行分解，以形成纵横交错、上下贯通、关系协调的高校教学质量监控目标体系，使之更具有可操作性。

## 二、高校教学质量监控机制的功能

### （一）教学目标导向功能

要想提高高校教学质量，必须确定高校教学质量的目标（标准）。这一目标（标准）既是高校教学的出发点，又是高校教学的归宿，具有很强的导向作用。一是在办学思想上，既要培养适应经济建设和社会发展需要的专门人才，又要提高人才的社会竞争力；二是在教学思想上既要有统一的培养目标要求，又要因材施教，促进学生个性发展和创造性潜能的发挥；三是在管理思想上，要充分体现“以人为本”的原则，充分调动“教”与“学”两方面的积极性，在教学活动中体现以教师为主导、以学生为主体，以及让学生自主学习、能动学习的指导思想。

### （二）质量保证功能

首先，高校教学质量监控机制是完成高校教学计划的重要保证。计划就是在既定目标的前提下，科学地制订达到目标的行动方案。其内容体现为“5W1H”，即“做什么、为什么做、何时做、何地做、谁去做、如何做”。计划是预设的行动方案。作为预设的行动，尽管计划没有对行动的具体细节作出规定，但关键性的行动都被列入行动方案之中。高校教学质量监控是实现高校教学计划的手段，没有高校教学质量监控，高校教学计划就不能顺利实现。

其次，高校教学质量监控机制是实现高校教学目标的根本措施。高校教学目标是高校教学活动的预期结果，是高校教学管理者和高校教学实施者的行动指南，但这不意味着在教学活动中个体没有自己的目标。实际上写在书面上的目标，只不过是在人们中间形成的一个总体认识。为了防止个体的目标对高校教学目标的冲击，需要在高校教学过程中实施有效的监控。在计划的实际执行过程中会出现一些难以预料的情况，造成实际工作与计划工作存在偏差。这些偏差既有工作偏差，又有计划偏差。高校教学质量监控机制就具有调整和纠正这两种偏差的职能。偏差是组织行动中不可避免的现象。例如，在期末考试阶段，每个教师都要就自己所教课程命题制卷。教学管理部门通常会对命题提出要求，但这并不意味着教师的命题就完全符合教学管理部门的要求，而通过高校教学质量监控可以发现命题中存在的问题，在试卷送到印刷厂印刷之前，修改命题中不合规范的部分。通过高校教学质量监控而实施的纠偏，可以是随时纠偏，也可以是阶段性的纠偏。

最后，高校教学质量监控机制是提高高校教学水平的有效手段。高校教学的偏差是基于对高校教学规范的要求而做出判断的，而高校教学水平的提高则是以高校教学的科学与艺术为判断标准的。高校教学质量监控中的控制，是对实际教学活动和教学管理活动的反馈所做出的反应。因此，一方面高校教学质量监控有助于改进高校教学管理工作。当采取措施加以纠正和调整后，各项工作就会得到改进。另一方面，高校教学质量监控有助于改进教师的教学工作。例如课堂听课，不仅能够提醒教师始终将教学置于高水平的意识状态，而且能够促使教师不断地反思自己的教学。

### （三）激励与约束功能

一个活力强、效率高、作用大的高校教学质量监控机制，应具有较强的激励功能和约束功能。激励功能的实现，需要高校结合实际制定行之有效的政策措施，把物质奖励和精神激励结合起来，并通过强有力的思想政治工作，调动教与学的积极性、主动性和创造性，为保证高校教学质量提供内在的动力。约束功能的实现，需要从高校的具体情况出发，制定必要的具有约束力的规章制度，促进高校教学目标的实现。

## 第三节　高校教学质量监控机制的维度分析

教育部在《教育部2019—2023年普通高等学校本科教育教学工作评估专家委员会章程》和《普通高等学校本科教学工作合格评估结论审议办法》中，对普通高校本科教学质量内部监控体系的组成进行了说明。本节结合上述文件，通过对影响高校教学质量的基本因素（人、物和管理的因素）的分析，立足高校教学的全过程，按照全员性、全方位、全过程的全面质量管理理论，从监控目标体系、管理调控体系、制度保障体系、激励约束体系、督导评价体系和信息收集与反馈体系六个维度对高校教学质量监控机制进行了深入研究。

### 一、监控目标体系

高校教学质量监控机制是一个封闭的管理系统，这个系统从监控目标体系开始。监控目标体系应该从教学输入质量、教学运行质量和教学输出质量三个方面进行目标监控。

#### （一）教学输入质量监控目标

##### 1. 对高校人才培养目标的监控

具有符合高等教育目标的人才观、质量观、教学观，能够重点突出职业性和专业性，具有培养具有开创个性和综合能力的可持续发展的高素质技能人才的教学理念；能够以创新意识、创新能力培养为主线，建立“产学研”结合紧密、校企双向介入、共同育人的人才培养模式；能够主动适应经济发展需要，结合区域经济特色，制定科学完整的紧密结合专业特色的人才培养方案和毕业生质量标准。

2. 对高校课程体系与教学内容的监控

对于高校的课程体系与教学内容，主要监控其是否与人才培养目标相适应。对课程体系的监控主要包括课程结构、教学计划、教学进度、课程标准和教材。对课程结构的监控主要包括高校课程是否采取必修课与选修课相结合、显性课程与隐性课程相结合、学科课程与活动课程和实践课程互动的多元形式；对教学计划的监控主要包括其内容是否与学生知识和能力的培养目标相符；对教学进度的监控主要包括其是否与专业课程教学进程一致；对课程标准主要监控其是否与教学计划相一致；对教材的监控主要包括其时效性、针对性以及应用性，同时要严格监控教材规格。

对教学内容的监控主要包括其是否与人才培养目标、课程标准、教学计划相符，制定的课程标准是否与国家要求相符，是否对应地方经济社会发展的现实需要，是否符合人才培养的各项指标要求。

3. 对教学资源的监控

教学资源包括软件资源和硬件资源，对人才培养具有保障功能，是高校教学质量监控中的重要一环。本书将教学资源的监控解释为资金保障、师资队伍和实训基地建设等。

资金保障也就是经费投入稳定且足够使用，这是高校开展教学活动的基础性条件。高校的经费来源主要包括中央财政、地方财政的专项经费和生均经费，高校自筹经费和社会资助。对经费的监控，主要是总经费、年生均经费与标准经费的比较，与高校上一年的纵向比较和与本区其他高校的横向比较。师资队伍是高校教学质量保障的重要条件，师资队伍的监控指标主要涉及学历、数量、经验、结构等因素。教学实训基地建设的监控指标主要包括具有真实工作环境的校内实训基地的数量与建筑面积以及利用率，校外实训基地的数量、建设水平和利用率，科技园、孵化器等的服务能力等。

## （二）教学运行质量监控目标

高校的教学过程一般都是由理论和实践两个部分有机组成的。理论层面包括课堂教学的系列环节，强调课堂教学效果，目前也在突出过程性考核的手段；实践层面主要是组织学生开展教学活动或者是在实训室（实验室）中开展教学行为的质量检测等。①

① 陶尚武. 基于TQM的高校体育教学质量监控体系构建[J]. 科技风，2024（5）：34-36.

### （三）教学输出质量监控目标

教学输出的产品是学生，因此对教学输出质量的监控，也就是对人才培养质量的监控，主要包括对学生的实践能力、实践活动参与率以及毕业生跟踪调查（学生满意度和社会声誉等）等方面的监控。

## 二、管理调控体系

管理调控体系为高校教学质量监控机制的高效运行提供了保障，其核心机构是高校教学运行管理部门，一般是教务处以及其他相关的教学管理部门，如学生处、研究生部以及教学资源的管理部门等。管理调控体系的运作模式主要是校、院系和教学部（或教研室）三级运作模式。

管理调控体系的运行主要依托高校内的规定与制度，通常情况下会规定在某一时间进行检查或直接突击检查，主要是对教学活动中的各种内容与方式方法等进行检查与管理，从而保证教学活动的正常开展，实时对教学活动进行监测，从而及时反馈在教学活动中产生的问题，并及时进行改进与调整。

教务处作为高校组织，在高校教学质量管理过程中发挥着重要的作用。教务处是高校内部的职能部门，是一种专门对教学质量与教学活动进行管理的组织机构。教务处的主要职责有：对高校内各专业课程进行调配，代表高校行使管理职责，拟订关于高校教学质量管理的计划，监督高校教学计划的执行，监督高校教学目标的达成情况，对教师进行疏导教育、培训与指导。同时教务处还要根据高校的管理规定，着眼于教学计划、教学实施过程、教学实施后控制三个教学环节的管控。

高校内最基层的管理单位与监督教学实施的单位是教学部（或教研室），它不仅是基层教学管理组织，还是最贴近教学活动实施的职能部门。因此，不仅要对各个专业各个学科的教学质量进行监督、管控和评价，还要掌握教学活动中教学质量的相关指标，并组织教师群体进行研究讨论，深入探究教学活动并进行教学优化改革，同时还要关注学生的学习活动，为其提供培训与辅导等帮助。

## 三、制度保障体系

对高校教学质量监控制度的管理，主要是通过建立高校教学质量管理规章制度，有效组织高校教学相关组织机构，使各个教学相关管理活动、各个教学环节规范、科学、高效地运转，确保高校教学质量的稳步提高。

如果说指标体系与评估标准侧重于对被监控对象的分解，那么高校教学质量监控的具体制度则是对监控行为本身的约束与规范。约束与规范，即对高校教学质量监控机制做什么、不做什么的要求。从理论的角度来讲，它的核心是设定标准的监控行为或行为模式，以保证所收集到的教学信息真实与可靠。从行动的角度来讲，高校教学质量监控机制可分为听课制度、教学检查制度、教学巡视制度、教学信息反馈制度。就听课的主体来讲，听课制度又可分为专家听课制度、领导听课制度、教师听课制度。从高校教学质量监控机制的实际出发，高校教学质量监控机制可以分为专家听课制度、领导听课制度、教师听课制度、教学检查制度、学生评教制度、教学信息反馈制度、教学巡视制度。

## 四、激励约束体系

激励约束体系也是高校教学质量监控机制的一个重要组成部分，其作用是依据评价结果，对教学活动的主体——教师、学生以及教学管理人员等进行行为上的激励约束。激励的形式主要包括物质的激励、精神的激励（如成就感、认同感与荣誉感等）、需求的激励（满足自身需求、实现自身价值）、竞争的激励等。约束是从抑制角度出发，通过一系列制度措施来防止偏离管理目标的行为发生。约束的形式主要有制度约束、环境约束、自我约束和道德约束。

## 五、督导评价体系

督导评价体系是高校教学质量监控机制的一个重要组成部分，由高校教学质量督导部门构成。

高校教学质量督导部门应该是在校长的直接领导下，与教务处、学生处等部门平行的、具有独立工作职能的机构。这是因为高校教学质量监控不仅包含对教师的授课质量和学生的学习质量的监控，而且包含对教学管理部门、学术部门、学生管理部门和保障教学条件的后勤部门的管理质量的监控。高校教学质量督导部门一般由富有管理、教学以及科研经验的专家组成。他们通过有针对性的专项检查，深入调查研究，检查高校在教学、管理等方面的情况，然后为高校的发展决策提出意见和建议，对监控的对象进行指导，提供整改建议。

通常高校中都有一套教学评价指标来对教学质量进行评价，大多运用调查问卷、随堂听讲、专家座谈、在学生间进行调查采访等方式来多方面、多角度、多主体地对教学质量进行评价，从而得出客观合理、具有综合性的结果，对结果进行统计分析，反馈给上级部门、其他系统和教师，一一对症下药，从而达到提升高校教学质量的目的。

### 六、信息收集与反馈体系

收集与反馈体系是高校教学质量监控机制能否有效运行的关键。有效的高校教学质量信息收集与反馈体系是高校教学质量监控的基础，它能为制定各项整改措施提供依据，使教师和教学管理人员及时发现教学过程中出现的偏差，采取有效措施加以修正，从而使高校的教学活动符合既定的质量标准。高校教学质量监控机制如果缺乏信息收集与反馈体系，就不能成为一个可循环的体系，高校教学质量也难以持续地提升。

因评价主体不同，高校教学质量的信息收集与反馈体系也是一个有着多方面、多角度的开放性系统。这个系统通常由教师、学生、督导员、信息员、领导组织等成员构成，通常使用调查问卷、检验教学目标完成情况等调查方式，同时还会大量统计教学活动中的数据与信息，调查毕业生就业创业情况，与实习或就业单位进行交流反馈、统计社会发展需求等，以此来检验高校教学质量的优劣，并进行有效反馈。

收集与反馈体系在收集到有关高校教学质量的信息之后，会对其进行整理、归类、分析，最后形成结论，及时进行反馈。高校在得到这些反馈信息后，应及时对教学目标做出调整和修正，不断完善人才培养方案。此外，收集与反馈体系还需通过教学工作会议、反馈会、个别谈话等形式将收集到的有关信息分别反馈给教师和学生。

## 第四节　高校教学质量监控机制的建立与运行

### 一、高校教学质量监控机制的建立

科学高效的高校教学质量监控机制必须有明确的目标体系、精干的组织体系、科学的方法体系、健全的制度体系和有效的运行机制，并以高校人才培养质量为目标，以高校教学质量标准为依据，以高校教学督导为主导，以高校领导和相关高校教学质量监控人员为责任主体，以教学运行监控为主线，以各教学环节和教学因素为对象。

### （一）加强队伍建设，形成多层次、全方位的监控体系

全面的、高素质的高校教学质量监控队伍是高校教学质量监控机制有效运作的重要保证。为切实加强对高校教学全过程的监控，应以高校教学质量持续提高为目标，建立由高校领导、教务处、学院（系）教学管理机构、高校其他职能部门、高校教学督导团（组）、高校教学质量调查员和高校教学质量信息员“七位一体”的高校教学质量监控主体，形成了高校领导、中层干部、高校教学管理人员、教师、学生、教学督导团（组）齐抓共管的高校教学质量监控局面。

### （二）完善质量标准，强化高校教学质量全过程监控

科学的质量标准是规范高校教学、保证高校教学质量的主要依据，是实施高校教学质量监控的基本前提。为提高高校教学质量监控效率，使高校教学质量监控真正起到推动高校教学改革、规范高校教学管理、提高高校教学质量的作用，高校应不断建立健全各项高校教学管理规章制度，完善理论教学、实践教学、课程考核等主要教学环节的质量标准：制定课堂教学规定、教案质量评价标准、教师授课质量评价标准、实验课质量考核标准、实习教学成绩评定标准、毕业论文（设计）评分标准、试卷审批表、课程考核成绩分析报告、考核归档材料检查评价表等质量标准，对教师的教学准备、课堂讲授和作业批改，学生的实验、实习、毕业论文（设计）环节，课程考核的命题、制卷、评分标准与阅卷、成绩评定、试卷归档等作出具体的规定。此外，高校要对专业建设、课程建设、基地建设等高校教学的基本建设提出基本要求和标准，为实施高校教学质量监控提供科学的规范与依据。

### （三）畅通信息渠道，建立高校教学信息反馈网络

有效的信息反馈、收集、处理网络有利于高校全面、及时、准确地掌握高校教学相关信息，有利于加强高校领导、高校教学管理部门、学院、教师、学生之间的沟通，有利于迅速地对高校教学质量监控过程加以控制与调节，使整个高校教学过程始终处于监控之中，促进高校教学质量的提高。高校应通过建立校长信箱、校领导邮箱、主要管理部门邮箱、高校领导接待日等形式，选聘

高校教学信息调查员、学生信息员、督导团成员收集、反馈信息，以电子邮件等为载体公布高校教学信息的收集、处理情况。

### （四）健全监控制度，保障高校教学质量监控机制运行有效

高校要坚持实施听课制度、教学检查制度、学生评教制度、教学信息员制度、教学督导制度与专项教学评估制度，坚持各级党政一把手是高校教学质量的第一责任人制度，明确高校教学质量目标；完善对高校教学信息的收集、分析、评估与反馈制度，提高对高校教学质量的调控能力；对高校教学过程中的各个环节进行全方位的监控，坚持期初、期中、期末的高校教学检查制度以及领导干部听课制度等；坚持开展专业评估、课程评估和实验室评估，加强对课堂教学质量、毕业设计（论文）质量、试卷质量、实验教学质量等方面的评估工作，确保高校教学质量稳步提高。

## 二、高校教学质量监控机制的运行模式分析

### （一）高校教学质量监控模式

高校教学质量需要有一个多重机制相互作用的高校教学质量监控模式予以保证（如图7-1所示）。如何建立有效的高校教学质量监控模式，是高校的一个不可回避的管理责任。

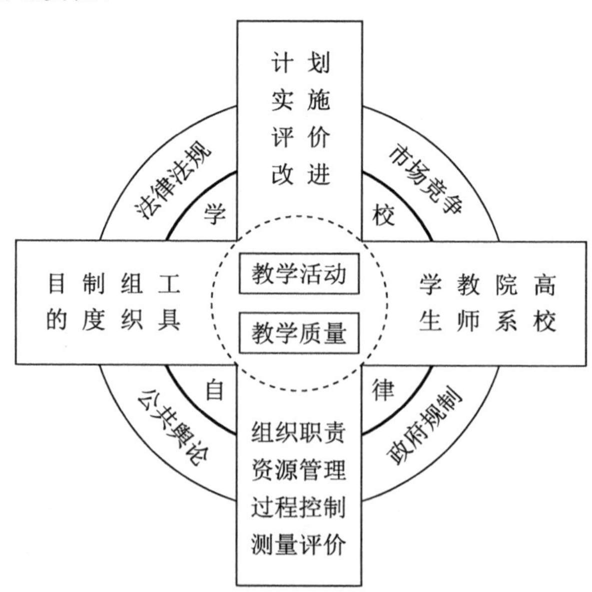


图 7-1　高校教学质量监控模式

如图7-1所示的高校教学质量监控模式，被称为“四维两级”监控模式。“四维”是指高校教学质量监控管理、高校教学质量监控过程、高校教学质量监控内容和高校教学质量监控主体；“两级”是指校一级的教学质量监控和院（系）一级的教学质量监控。

### （二）高校教学质量监控对象

高校教学质量监控对象主要聚焦于高校教学活动及其相关要素，旨在确保高校教学质量的持续提升。因此，高校教学监控过程不仅关注教师的教学水平和教学方法，还深入学生的学习成效、课程设置、教学资源以及教学管理等多个层面。

在教师方面，教师的专业素养、教学态度、课堂组织能力以及对学生个体差异的关注程度，都是高校教学质量监控的重要对象。通过听课评价、学生反馈等方式，可以全面了解教师的教学表现，进而提出改进建议，促进教师的专业化成长。

学生是高校教学质量监控的另一重要对象。通过考试、作业、实践项目等多种评价方式，可以衡量学生对知识的掌握程度和应用能力。同时，学生的学习态度、兴趣及参与度也是高校教学质量监控的重要对象，有助于发现高校教学中可能存在的问题，及时调整高校教学策略。

课程设置与教学资源同样受到高校教学质量监控的关注。课程内容的科学性、实用性和前沿性，以及教学设施、图书资料等资源的充足性和有效性，都是影响高校教学质量的关键因素。

此外，高校教学管理也是高校教学质量监控的重点对象之一。高校教学计划的制订与执行、高校教学秩序的维护、高校教学质量评估体系的完善等，都是确保高校教学活动顺利进行、提高高校教学质量的重要保障。

### （三）高校教学质量监控途径

高校教学质量监控从根本上说是建立高校教学管理者与高校教学被管理者之间的联系与关系，而建立两者之间联系的关键是信息。因此，高校教学质量监控的途径就是高校教学管理者和高校教学被管理者之间有关高校教学管理信息的获取、处理、传递、沟通、使用与反馈的路径，其核心是高校教学质量信息的获取、传递与反馈。

从高校教学管理者与院系教学管理者之间的联系和关系上看，高校教学质量监控的途径有常规的教学工作检查、教学工作会议、教学研讨会议、教学基本情况汇报、教学工作文件、教学制度建设、教学管理信息系统构建、教学审批等。从高校、院系教学管理者与教师的关系来看，高校教学质量监控的途径有教学观摩课、青年教师教学基本功比赛、领导听课、教学巡视、教学质量评估、教学工作检查、教师座谈会等。从高校、院系教学管理者与学生的联系与关系来看，高校教学质量监控的途径有学业成绩的考核与评定、毕业论文审核、社会实习总结、学生座谈会、学生评教、教学信息专人反馈等。从高校教学主管部门与高校教学管理者之间的联系与关系来看，高校教学质量监控的途径是高校教学主管部门对高校教学质量的行政监控，包括高校向上级主管部门报告工作，这是监控对象向监控主体提供情况、汇报工作、反映意见和接受监督的方式；工作检查，即监控主体主动地通过各种方式了解监控对象履行高校教学工作职责的情况，包括全面检查和专项检查、单独检查和联合检查、定期检查和不定期检查等；专案调查，即高校教学主管部门对高校发生的重大教学事故的专门调查；审查批准，即高校教学主管部门对高校的具体行政行为进行审核并加以确认的活动；备案，是高校教学管理部门根据法律法规或上级主管部门的要求，将其制定的教学规章制度和其他有关教学的规范性文件等书面材料报给上级教育行政机关，以便其了解情况并进行监控。

### （四）高校教学质量监控方法

高校教学质量监控的方法很多，各种方法相互之间也不排斥，可以交叉使用。

#### 1. 现场监控、反馈监控和前馈监控

从过程的角度来看，高校教学质量监控方法可以分为现场监控、反馈监控和前馈监控。现场监控就是发生在教学活动进行过程之中的监控，最常见的就是直接观察。反馈监控是以系统输出的变化信息为反馈信息，其目的是防止已经发生或即将出现的偏差继续发展或再度发生，类似于亡羊补牢。前馈监控也称“事前监控”，其目的是在系统的输出结果受到影响之前做出纠正。与反馈监控的“亡羊补牢”不同，前馈监控的重点在于“防患于未然”。

#### 2. 间接监控和直接监控

根据高校教学管理人员改进其工作的方式来看，高校教学质量监控方法又可分为间接监控和直接监控。间接监控着眼于发现偏差，分析偏差产生的原因，并追究个人的责任，使之改进将来的工作。直接监控着眼于培养高素质的教学管理者，通过提高教学管理者的素质来进行监控工作，从而防止出现因教

学管理不善而造成的不良后果。合格的教学管理人员出的差错最少，因为他们能觉察到正在形成的问题，并能及时采取纠正措施，从而使高校教学工作的损失降到最低。

### 3. 集中监控和分散监控

无论是集中监控还是分散监控，都是按照一定的目标，对高校教学系统内部不同层次的教学行为做出相应的监控。集中监控是指高校教学质量监控的计划、实施、评价、改进等工作由高校教学管理系统（教务处）来组织开展。分散监控是指高校教学质量监控的计划、实施、评价、改进等工作，是由高校各教学单位来组织开展。采用集中监控还是采用分散监控，需要视高校教学质量监控的对象、目标与任务而定。通常，课程建设、学科建设、队伍建设、基地建设、教材建设、学风建设等宜采用集中监控，而涉及高校教学活动与教学行为的监控则宜采用以分散监控为主，辅之以集中监控的方法。集中监控与分散监控的结构如图7-2和图7-3所示。

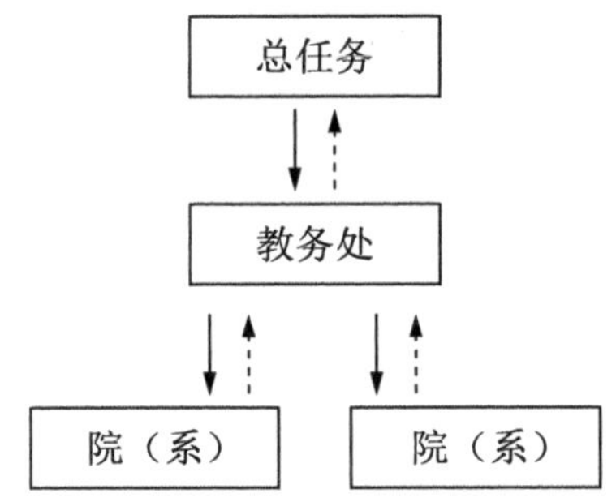


图 7-2　集中监控结构

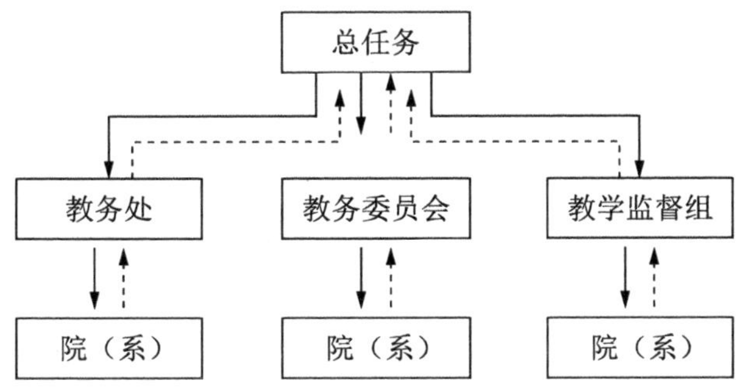


图 7-3　分散监控结构

#### 4. 计划监控与目标监控

计划监控即施控系统将预先编制好的高校教学工作计划作为高校教学系统的输入，受控系统按计划运行，以保证高校教学活动不偏离计划轨道，最终保证高校教学质量的提高。在计划监控中，其核心是编制高校教学工作计划。其内容包括反映高校教学工作总目标的各项具体指标、预测可能会对高校教学质量产生影响的因素、确定达到目标的具体措施和步骤。

目标监控是指施控者将目标作为高校教学质量系统的输入，用受控教学系统运行时的目标状态，来指导或纠正教学行为主体未来的教学行为。运用目标监控方法，整个高校教学过程由高校教学行为主体自行调节。因此，在目标监控中，原先由高校教学管理者拟订的高校教学工作计划，需要由高校教学行为主体自行决定，即根据自身的调节能力自行决定实现目标的行动方案。在实际的高校教学管理中，高校教学管理者要善于将计划监控和目标监控有机地结合起来，用计划来保证高校教学发展的宏观方向，用目标来指导微观的高校教学运行，做到“控而不死，活而不乱”。

# 第八章　高校师资队伍的改革

合理的职务结构、较高的学历结构、多元的学缘结构、均衡的年龄结构、协调的专业结构以及具有创新水平的学科梯队和学术团队是高校师资队伍管理所追求的目标。高校应通过优化师资队伍结构、提升教师专业发展水平、提升教师教学能力等改革方式，保障高校师资队伍的可持续性发展，从而推动高校教学的改革与创新。

## 第一节　高校师资队伍的现状与问题

### 一、高校师资队伍面临的问题

#### （一）教师配置效率低

我国大力推进高等教育发展，促使高校大规模扩招，从而建立了较大规模的高等教育体系。在这样的背景下，高等教育资源配置存在的问题也日益显著。高校学生数量急剧增加，但高校教师数量增长缓慢，导致师生比例失衡，难以确保高校教学质量。由于师生比例失衡，我国高校常出现百人甚至百人以上的大课堂局面，甚至部分高校在专业课程上也出现大课堂的情况。这种现象不仅会耽误学生的时间，更降低了学生的学习热情，拉低了高校的办学水平。

### （二）年龄结构不合理

高校教师年龄结构指的是高校教师队伍的平均年龄以及年龄的分布状况。年龄结构不仅反映了高校教师队伍的活力，也体现了其创造力水准。对于高校来说，教师的年龄结构不仅要看年龄比例，还要看在高、中、低三个职称当中年龄的分布情况。高校应该确保在高、中、低三个职级当中均有老、中、青三个年龄段的教师。随着我国高等教育的发展，中青年教师的数量不断增加，具有高级职称的中年教师越来越多，说明中年教师成了高校教师的主力，推动着高校发展。但是，在当前我国拥有高级职称的55岁以上的教师所占的比例仍然较高，这说明青年教师的能力还有待提高。

### （三）“近亲繁殖”的学缘结构

学缘结构表明了教师队伍当中学术互补的情况，良好的学缘结构可以表现出更为活跃的学术氛围，为产生新观点、新理论提供学术土壤。当前我国高校越来越注重学缘结构的搭建。一些院校在招聘教师时往往会设置一定的招聘比例用来招聘其他地域的教师，从而避免学缘结构出现“近亲繁殖”情况。但是，一些重点高校学缘结构的“近亲繁殖”情况仍然严重。出现这种情况的原因通常来自两个方面：一方面是高校或教师存在“爱才”心理，希望学生能够在毕业后留校任教，为高校发展贡献力量；另一方面是学生自身，一些学生在经历研究生甚至是博士生的学习生涯后，已经习惯于本校的生活环境，最后选择留校任教。西方发达国家对于学缘结构的控制非常严格，部分高校甚至禁止招聘本校毕业学生。美国某些高校为了丰富学缘结构，不仅会吸收不同高校毕业的教师，甚至会大量聘用外籍教师。通常来说，教师的教育背景越多样，校园内的学术环境就越活跃。①

### （四）师资浪费

师资浪费是指高校教师队伍不够稳定，高校教师将精力投入到与教学、科研无关的方面。随着“拜金主义”“享乐主义”等不良风气的影响，我国很多高校都出现了这种师资浪费的情况。一些教师在高校任职期间，还去社会上做

---

① 谭俊英. 高质量发展背景下地方高校教学改革实践问题与对策[J]. 科教导刊，2023（6）：7-9.

兼职，常常在兼职工作上投入更多的精力和时间，进而影响了在高校的教学与科研工作，导致高校师资浪费的情况发生。

师资浪费分为两种情况。第一种是智力外流。高校教师为了获得更多的经济收益，在社会上从事其他工作，这种情况就是智力外流。第二种是骨干教师更青睐于行政职务的提升。部分骨干教师受“官本位”思想的影响，热衷于行政管理岗位。教师在担任行政职务后，其投入教学与科研的精力必然不足，因为教学和行政分属两个领域，同时进行必然会消耗大量精力，教学与科研的质量也必然会下降。高校发展的根本在于教师资源，教师重视行政工作，教学工作必然会被耽搁，导致高校的发展变得缓慢甚至停滞。

## 二、高校师资队伍问题出现的原因

### （一）环境因素

#### 1. 高校人力资源配置转换缓慢

随着我国高校人力资源配置由计划向市场进行转变，可以说我国高校人力资源配置有了巨大的改变。不过，这种改变还存在于物质层面，高校的人力资源配置还需要进一步发展。当前我国的人才市场还存在弊端，导致高校人力资源不能合理地流动、高校人力资源配置速度缓慢，直接影响了高校教学改革与创新的推进。

#### 2. 科研工作行政化

高校传统的管理模式有很强的行政管理倾向，忽视了教师本身的精神需求，导致教学、科研工作向行政工作倾斜。这样一来，高校行政机构管理者就会以管理者的身份行事，教师就成了被管理者。高校行政机构应该是服务于高校教师的，做好高校教师坚实的后盾，以确保高校教学的有序展开。可是，在“官本位”思想的影响下，一些教师的价值取向由教育走向行政，认为职位高于学识，权术重于学术。这样的状况与高校重视人才、发展学术的理念背道而驰。高校想要组建教师队伍，想要培养更多的人才，就必须对自身的内部环境进行优化，提升高校教师人力资源的深度，营造良好的学术研究氛围。

### （二）管理理念

随着思想的不断发展，我国高校在人力资源管理方面已经取得了巨大的突破。但是，我们也应该意识到，高校在人力资源管理理念方面还有所欠缺。高校对于教师的管理理念仍然受传统固有观念束缚，一些高校的人力资源管理人员在思想上仍旧将人事工作当作行政工作，工作模式存在僵化的状况，不能做到以人为本。很多高校人力资源管理人员没有意识到，教师是高校的立身之本。如果高校人力资源管理人员的观念不更新，就容易出现轻视人才而重视岗位的情况，没有与高校教师实现良好的沟通。

### （三）管理机制

#### 1. 薪酬管理不规范，缺乏有效的激励机制

由于薪酬管理缺失灵活性和自主性，高校难以根据自身的发展特点和需求来确立匹配的薪资待遇以及薪资增长实施办法。薪资待遇难以紧跟市场发展，从外部来看，部分高校在人才竞争上缺失了竞争力；从内部来看，不同岗位、不同职务的工作人员的薪酬区别不大，容易造成教师丧失工作积极性，拉低高校整体效率。部分高校在内部管理上仍存有传统管理的弊端，在人员激励制度上还存在论资排辈、实行平均主义的现象，这就导致激励制度的推行无法取得突破性进展。

#### 2. 考核体系不健全

当前，很多高校都希望教师考核实现量化，但是这种量化的，甚至是细化的考核指标往往会让教师疲于奔命，甚至某些教师会直接将大量精力放在冲刺考核指标上，从而疏于教学。从实际工作情况来看，量化考核更适用于相对简单的工作，对复杂的高校教育和学术研究还是有一定的局限性，难以起到真正激励高校教师的作用。

#### 3. 教师培训机制不完善

为了提升师资力量，高校越来越重视对教师的培养。虽然高校对教师的培养取得了一定的进展，但是也出现了一些问题。部分高校在教师培训工作当中出现权责不统一、目标不清晰和沟通不畅的问题；部分高校对教师的培训出现“虎头蛇尾”的情况，在教师入职期间重视培训，而在教师工作后就没有再组织相关的培训工作。实际上，定期组织教师进行专业交流、参加学术研讨会是一种人力投资，而人力投资不仅能够提升教师的能力，更能为高校带来更多的回报。

# 第二节　教师发展对高校教学改革与创新的影响

## 一、教师发展有助于带动高校教学改革与创新的实践

教师作为高校教学的主体，其教学水平和素质对于高校教学有着至关重要的影响。随着社会的快速发展和时代变迁，高校教学必须不断改革创新，适应新的时代需求和社会变化。教师发展作为教师个人的自我提升和学习过程，具有很大的潜力和影响力，可以为高校教学改革与创新的实践提供有力支持。

第一，教师发展可以帮助教师掌握新的教育理念和方法。随着现代教育技术的快速发展和教育理念的不断更新，教师必须不断学习和适应新的教学模式和方法。通过参加各种形式的教师发展活动，如教学研讨会、教学培训班、教学课题研究等，教师可以学习和掌握新的教学理念和方法，更好地适应社会和时代的需求，提高自己的教学水平和素质，进而更好地参与高校教学改革与创新实践。

第二，教师发展可以促进新的教学模式和方法的推广和普及。教师通过不断的学习和实践，不仅可以提高自己的教学水平和素质，也可以将新的教学理念和方法应用到教学实践中，并逐步形成一种新的教学模式和方法。教师可以与同事分享发展的成果和实践经验，进而推广和普及新的教学模式和方法，进一步提高高校教学改革与创新的质量。

第三，教师发展可以增强教师的教学热情和积极性。教师通过不断的学习和实践，不仅可以提高自己的教学水平和素质，也可以增强自己的教学信心和热情。这些因素都可以促使教师更加积极地投入到高校教学改革与创新中，进而提高高校教学改革与创新的质量。

## 二、教师发展有助于推动高校教学改革与创新的深入

高校教学改革与创新是一个由浅入深的过程，随着高校教学改革与创新的深入，对教师的要求也会相应地提高。所以，只有实现教师的专业发展，才有

助于推动高校教学改革与创新的深入。

首先，教师发展可以促进教师对高校教学本质的深入理解。高校教学是高等教育工作的核心，教师作为高校教学的主体，必须深入理解高校教学的本质和特点，以更好地指导高校教学实践。教师发展可以帮助教师不断拓宽高校教学的视野，掌握更多的高校教学理论和方法，进而深入理解高校教学的本质和意义，更好地推动高校教学改革的深入。

其次，教师发展可以促进教师对高校教学改革与创新相关政策和措施的深入理解和贯彻落实。改革政策和措施是高校教学改革与创新的重要内容和推动力量。随着教师的发展，教师对高校教学改革与创新政策和措施的理解与把握也会更加深入，进而更好地贯彻落实这些政策和措施，推动高校教学改革的深入。

最后，教师发展可以促进教师之间的交流和合作。教师通过参加各种形式的教师发展活动，可以结识更多的同行，分享自己的教学经验和成果，与其他教师进行交流和合作，共同推进高校教学的改革与创新。

## 三、教师发展有助于促进高校教学改革与创新的持续发展

高校教学改革与创新是一项持续性的工程，需要做到持续发展，这便对教师提出了更高的要求。所以，只有教师实现发展，才有助于促进高校教学改革与创新的持续发展。具体而言，教师发展对高校教学改革与创新持续发展的影响主要体现在以下几个方面。

第一，教师发展可以帮助教师提高自身的教学水平，增强专业素养，进而提高整体教育质量。高校只有拥有高素质的教师队伍，才能更好地适应高校教学改革与创新的需求，推动其持续发展。

第二，教师发展有助于培养教师的创新意识和能力，鼓励他们尝试不同的教学方法和手段，以满足不同学生的需求。这样一来，教师在教学实践中就可以不断地探索和创新，形成适应不断变化的教学环境的高校教学改革与创新的新模式，进而促进高校教学改革与创新的持续发展。

第三，教师发展可以提升教师的职业成就感和满足感，从而激发他们的教学积极性。积极投身于高校教学改革与创新的教师，能够以更高的热情和专注度推动高校教学改革与创新的持续开展。

第四，教师发展有助于教师及时了解社会与产业发展的新动向、新需求，为高校教学改革与创新提供有力的支撑。只有紧密结合社会与产业发展的需

求，高校教学改革与创新才能更具针对性和实效性，实现持续发展。

### 四、教师发展有助于提高高校教学改革的影响力和影响范围

教师发展有助于提高高校教学改革的影响力和影响范围，主要体现在以下几个方面。

第一，教师发展有助于培养和造就高水平的教师团队。一个优秀的教师团队可以有效推动高校教学改革与创新，实现高校教学目标的转变。这种转变将促使高校在教育领域树立更高的声誉，从而提高高校教学改革与创新的影响力和影响范围。

第二，教师发展有助于提高教师的教学水平和素质，进而提升高校的教学质量。高质量的教学成果将为高校赢得更多的认可和支持，进而提高高校教学改革与创新的影响力和影响范围。

第三，教师发展能够促使教师积极参与高校教学改革与创新，推动高校教学改革与创新的深入推进。在教师发展的过程中，教师可以形成更具创新性和针对性的高校教学改革与创新策略，从而提高高校教学改革与创新的影响力和影响范围。

第四，教师发展有助于加强高校与社会的互动。随着教师队伍素质的提升，高校可以更好地承担起培养社会需要的高素质人才的任务，积极参与社会服务和产学研合作。这将使高校在社会上产生更大的影响力，从而提高高校教学改革与创新的影响范围。①

## 第三节　高校师资队伍结构的优化原则与对策

### 一、高校师资队伍结构的优化原则

为了能更好地优化高校师资队伍结构，必须遵循以下几个原则。

---

① 徐亚琼. 基于理论创新人才培养的高校教学改革初探[J]. 湖北开放职业学院学报，2023，36（17）：9-12.

### （一）服务高校战略原则

高校要从高校整体发展需要出发优化高校师资队伍结构，而不是从部门工作需要出发优化高校师资队伍结构。在具体的优化过程中，高校要以高校发展战略为指导，以学科优化目标为要求，深刻分析高校师资队伍的现状，制订优化师资队伍结构的规划方案。高校发展战略决定了学科优化目标，而学科优化目标的实现离不开高校师资队伍的支撑，高校师资队伍结构优化紧紧围绕着学科优化目标。高校师资队伍优化既服从于高校发展战略，又影响着高校发展战略规划。

### （二）以人为本原则

坚持以人为本，在高校师资结构优化中就是要坚持以教师为本的发展观。具体来说，在优化高校师资队伍结构的过程当中，必须树立全新的高校师资队伍结构优化观念，树立可持续发展的战略思想，着力规划和提高师资队伍整体素质，推进制度创新和法治优化，营造积极健康向上的文化和学术氛围。此外，还必须充分发挥教师的主人翁精神，让教师尤其是相关专家积极参与高校师资队伍结构优化，多听取他们的呼声与建议，以更好地融合教师自身的元素。最后，优化高校师资队伍结构还要充分考虑教师的全面发展，为教师的提升创造良好的条件和平台。

### （三）可持续发展原则

可持续发展，就是要促进人与自然的和谐，实现经济发展和人口、资源、环境相协调，坚持走生产发展、生活富裕、生态良好的文明发展道路，保证一代接一代地永续发展。高校师资队伍结构的可持续发展要求高校师资队伍具有合理的职务结构、较高的学历结构、多元的学缘结构、均衡的年龄结构、协调的专业结构、合理的学术梯队以及富有创新精神和创造力的学术团队，以不断推动高校的发展。在优化高校师资队伍结构的过程中，坚持可持续发展原则要求明确高校师资队伍结构优化发展的战略目标、工作重点和重大举措，推进制度创新和实施人才强校战略；进一步构建完善优秀人才可持续发展的培养和支持体系，加大“高层次创造性人才计划”的实施力度，着眼于高层次人才和高水平创新团队总量增长与整体素质提高；加强中青年骨干教师能力优化，加大培养和支持力度，大力推进高校高层次人才队伍优化；深入开展高校人才制度和政策创新研究，进一步完善高校人才评价机制、竞争机制、激励机制和组织机制，开展高校人才队伍优化课题研究工作；改进和加强师德优化工作，加强制度优化，加大对高校优秀教师先进事迹的表彰宣传力度，全面提升高校教师的师德水平。

### （四）程序规范原则

程序规范是内容科学的基本保证，要求通过履行规范的程序，提高优化高校师资队伍结构措施的深度和水平，切实发挥优化措施应有的作用。编制优化高校师资队伍结构的程序，包括前期工作、立项、起草、衔接、论证、批准、公布、评估、修订和废止等环节。高校师资队伍结构的优化必须按照程序规范原则制定，尤其是论证与评估这两项工作，是确保高校师资队伍结构优化过程科学合理的重要保证。

### （五）前瞻性和可操作性原则

优化高校师资队伍结构要遵循前瞻性和可操作性原则。优化高校师资队伍结构是面向未来的，要表明未来时段的事业发展状态，因此要有超前意识，要有预见性，要对未来的状况做出适当的预测；要从实际出发，但不能过于迁就实际，而是要在实际的基础上提出发展的要求，创造发展的条件，制定发展的措施，这就是前瞻性原则。可操作性原则就是说优化高校师资队伍结构要能够在现有的或可能的条件下付诸实施，而且需要将目标分解到每一个步骤当中，不能盲目追求高目标，避免使高校师资队伍结构优化措施成为空想。为此，在优化高校师资队伍结构的过程中，必须有相应的指标体系，有可以获得和测量的可比性数据，要有具体的、可以实施的对策与措施。

## 二、高校师资队伍结构的优化对策

优化高校师资队伍结构，除从宏观上解放思想、提高认识、更新观念、锐意改革之外，还应在微观上采取一系列行之有效的措施，寻求实现目标的通途。

### （一）优化高校师生比例结构

高校的教学质量与其师生比例有着密切的联系。最近几年，高校不断扩大招生规模，部分高校教师不仅要承担教学任务，还承担着科研的工作，导致学生与教师的比例出现严重不协调现象。具体表现为：热门专业的学生人数多而教师人数不足，传统专业的学生人数少，但是教师人数很多；高级别院校的教师比较注重搞科研，而普通院校的教师比较关注教学环节。高校要想提高教学效率，使师生比例达到平衡状态，就需要精简管理者的人数，将更多的岗位留给科研人员和专职教师，增加高学历教师的数量，引进更多年轻教师，构建合理的激励机制，提升高校师资队伍的活力。此外，高校还要建立公开、公平、公正的人事管理制度，为教师创造一个良好的竞争环境。

### （二）优化高校教师学历结构

通常来说，教师的学历代表其接受教育的程度和具备专业知识的深度，可以反映出教师的理论和实践水准。高校师资队伍的学历水平也直接决定着其教学、科研的质量和效果。如今，虽然我国在推进教育改革上下了巨大的努力，但是仍然需要坚持优化高校教师学历结构。高校可以通过学历教育和继续教育的方式，促进师资队伍学历结构的优化。学历结构的优化可进一步提高师资队伍的整体素质和能力。

### （三）改善师资队伍的学缘结构

提倡教师来源的多元化，重视优化师资队伍学缘结构，是各国高校师资队伍建设的普遍做法。改善我国高校师资队伍学缘结构的建议是：高校管理层要认识到多元化的学缘结构对学术创新的重要性，可以采取如下措施改善学缘结构。第一，面向全社会公开招聘，并且制定一些政策，在住房分配、配偶工作安排、子女入学入托、职称评定、科研资助、安家等方面给予优惠待遇，吸引外校优秀人才。同时，人才引进来还要留得住。高校还要创造优良的工作环境，激发他们的积极性、主动性和创造性，使他们全身心地投入到高校的教学、科研和社会服务工作中。第二，如果本校毕业的学生有意留校任教，必须获得外校的硕士或博士学位，才能重返母校任教。对现有的本校毕业的青年教师，应安排他们到国内知名高校去进修或在职攻读博士学位或公派出国深造。

此外，市场经济的经济基础必然要求人力资源的社会化，必然带来教师的开放化、动态化管理机制。政府教育部门要积极推进省内外、国内外校际教师资源共享，建立高校与高校、高校与社会之间人才资源共享机制，积极挖掘富余人才资源，拓宽高校教师的来源渠道，提高教师资源使用效益。高校要积极与企业、科研院所联合与协作，选聘更多具有丰富经验的专业技术人员担任兼职教师，基础课、公共课及部分专业课教师可实行校际互聘。①

### （四）优化高校教师职称结构

职称反映的是高校师资队伍的教学科研能力。高校师资队伍属于高智能、

① 张伟，张芳，李玲俐．“1+X”证书制度下职业院校教师专业发展研究[J]．职教论坛，2020（1）：94-97.

高水准的人力资源。对高校的师资职称结构进行优化，可以更好地发挥高校师资队伍的教学科研能力。建立科学合理的职称梯队，对于提升高校办学水准有着重要意义。高校教师职称级别可以分为高、中、初三个层级，高级为副教授以上，中级为讲师，初级为助教。目前，对三个层级进行比例优化还没有统一的观点，但是从当前我国高校的实际情况来看，实行“二四三一”的职称结构更为适合，也就是助教、讲师、副教授、教授的比例为2∶4∶3∶1。“二四三一”的模式仅仅是作为参考，高校在教师职称结构优化上还是应该以自身发展实际为准。职称结构优化应该做到分学科地进行，教师职称结构不是一成不变的，要考虑到教师流动的情况，确保高校办学水平。对职称结构优化实际上是打破了传统职称结构，推进职称评定的新方式，能够激活高校师资队伍的积极性。

### （五）优化高校教师年龄结构

高校教师的年龄结构从一定程度上反映了高校师资队伍的活力。年轻教师，有更充沛的精力，学习能力更强。特别是在大数据时代下，年轻教师有更强的信息收集能力。但是，年轻教师的经验相对较少，在教学与科研方面还需要更多的历练。年龄大的教师经验更加丰富，对学生的指导水平会更高，但年龄大的教师的精力较年轻人更少，学习能力也要低于年轻人。鉴于此，高校教师年龄结构必须合理，保持高校师资队伍当中各年龄段的平衡，使其符合自然规律。

从总体来看，高校师资队伍年龄结构应呈现金字塔结构，即青年教师稍多于中年教师，中年教师稍多于老年教师。这样一来，不仅可以确保高校师资队伍的活力，而且在一定程度上又保留了老教师的经验。

# 第四节 高校教师专业发展水平的改革与提升

## 一、政府机构组织

政府机构组织应组织高校教师培训，为高校教师提供有助于其专业发展水平提升的课程。一般而言，政府机构组织的高校教师专业发展水平提升活动通常以政策法规的形式对高校教师提出学历水平或各种证书等方面的要求，然后依托各级各类培训机构提供有助于高校教师知识更新和能力发展的课程。这是一种“自上而下”的高校教师专业发展水平提升活动，依托“以教师为中心”的高校教师专业发展水平提升模式，以一对多、自上而下的方式展开，也就是一组培训者培训一群人，逐级传递一些关键信息。这种逐级的培训模式，是“以教师为中心”的管理系统得以正常实施的一份保证。

## 二、高校教师组织

为维护高校教师这一群体的相关权益，应成立专门性的组织，即高校教师组织。高校教师组织的性质是自发的、民间的、非政府的团体，主体是高校教师，客体是一些其他的从事高等教育工作的人员。一般高校教师组织都制定有自己的入会标准和规范章程，其服务宗旨是为本组织成员争取利益的最大化，提升本组织成员的专业知识和专业素养。

## 三、高校教师自主发展

除政府机构组织、高校教师组织等高校教师专业发展水平提升途径外，高校教师自主发展也是高校教师专业发展水平提升的一条重要途径。这是凸显高校教师能动性、主动性的一条途径，这种发展的愿望与需求不是对外在压力的迎合，而是基于高校教师自身的发展和需求提出的。高校教师自主发展一般通过行动研究、教学反思、建立成长档案袋等活动来完成。

### （一）行动研究

行动研究是深受一线高校教师、行政管理人员、高等教育研究者青睐的一种切实可行的、可操作的研究过程，是高校教师实现自主发展的一条重要途径。

行动研究的主体是一线高校教师，行动研究的对象是一线高校教师在实践中出现的问题。在行动研究的过程中，通过发现问题、解决问题、研究问题、设计问题等一系列对问题的研究，有利于实现高校教师的专业成长。行动研究以高校教师的教学实践为中心，简单、具体而且易操作，并且能够及时解决高校教师在教学过程中遇到的问题。

行动研究是一种研以致用的研究方法，可以产生与高校教师教学实践活动有关的、具体的、直接的结果。这种研究结果关注高校教学过程中具体的、明确的问题的解决，具有可操作性。行动研究一般需要经过三轮循环来完成，其基本的过程和步骤如下。

第一，计划。计划是行动的第一步，关于行动的思路要明确，一些基本的问题，如明确问题、分析问题、制订计划等。

第二，行动。计划明确之后，就要把具体的解决问题的思路和方法落实到行动中，这也是行动研究的核心。

第三，观察。在行动研究过程中，需要对行动的情况进行观察和记录，为行动研究的过程与结果提供比较全面、透彻的依据。

第四，反思。正常的行动研究步骤是“计划—行动—观察—反思”，因此，在“计划—行动—观察”完成之后，就要通过反思对前一阶段的行动结果进行分析，为后一阶段提供经验参考。反思的目的是要明确在上一阶段的行动研究中出现了哪些问题，解决了哪些问题，从哪些问题中得到了哪些经验教训，哪些问题对于下一步有指导意义等。

### （二）教学反思

教学反思是高校教师教学认知活动的重要组成部分之一，其方法有以下几种。①课后备课。课后备课能够使高校教师根据教学反馈进一步修改和完善教学设计方案，有助于高校教师及时总结教学过程中的优势和不足，有效改善教学效果。②课堂观摩。课堂观摩主要是以相互听课的方式来进行，可以使高校教师之间取长补短，同时实现资源的共享。③教学日志。教学日志是指高校教师对所教、所听课程的感受的记录，如课堂教学的重难点是否解决？课堂教学是否关注了每一位学生的发展？教学日志是否有效地促进了高校教师的反思性研究？④教育叙事。教育叙事要求高校教师能够叙述出自己以合理的方式解决教学中的问题的过程，它能够使高校教师反思自己的教学思路，促进其高校教学水平的提升。

### （三）建立成长档案袋

高校教师成长档案袋是描述高校教师职业生涯和专业发展的有效工具，能够记录和保存高校教师成长中的过程性资料。

#### 1. 高校教师个人的基本信息

高校教师个人的基本信息包括高校教师的个人简介、所学专业、教学年限、个人爱好等，以及关于高校教师工作和学习背景的具体描述。成长档案袋中的高校教师个人的基本信息详细记录了高校教师的基本情况，简单明了，可以进一步明确高校教师专业发展水平提升的状况。

2. 高校教师教学反思记录

高校教师对教学的自我反思是高校教师与自我成长的对话。成长档案袋以个案研究、阶段总结、教学论文等形式将高校教师对教学的自我反思完整地记录下来，有利于提升高校教师的专业发展水平。

3. 高校教师工作内容

高校教师的工作内容不仅包括高校教师作为一个教学者所呈现出的内容，更多的还有其作为研究者、学习者、评价者等所呈现出的内容。

一般情况下，成长档案袋以纸质档案袋、网络化平台等方式呈现。成长档案袋对于高校教师梳理自己的教学理念和教学风格具有帮助作用，有助于高校教师在专业化的反思中成长和进步，对自己的经验进行系统化的梳理和整理，进行自我评估及发展方向的定位。更重要的是，成长档案袋有助于高校为教师的专业化发展水平提升提供帮助，如对高校教师进行有针对性的培训和指导、为高校教师提供系统学习资源等。

## 第五节　大数据时代高校教师教学能力的提升对策

### 一、政府层面

#### （一）建立健全相关教育政策

教育政策对高校教学有着重要的引领作用。在大数据时代，教育部门应本着与时俱进的精神，在宏观层面不断地更新完善高校教学政策，为高校教师教学能力的提升做好顶层设计。第一，健全高校教师聘用及资格认定制度，完善高校教师的准入制度。在高校教师入职后，要对其进行资格认定，如岗前教育理论考试和岗前培训考试。根据大数据时代的教学要求，教育部门应将数据素养基础知识纳入高校教师资格认证考核体系。第二，完善高校教师的培训管理办法和专业发展计划，提升高校教师的数据素养和分析运用能力。第三，制定师生运用高校教学大数据资源的相关政策，在建立健全数据的采集、审查、公布、存储、使用、隐私保护制度的基础上，激励高校教师积极运用各种数据资源开展教学工作，借助数据资源提高高校教学质量。

### （二）加强高校教学大数据资源建设

为满足高校教师提升教学能力的实际需求，国家要加大对高校教学大数据基础设施建设的资金投入，由政府牵头推出高等教育数字化服务管理系统平台、在线课程服务与管理平台、图书文献保障数据管理服务平台，重点建设全国高等教育教学资源网、全国高等教育教材网等，为高校教师对教学数据资源的使用提供物质基础。同时，政府要积极促进公共数据资源的开放性，构建部、省、校联动机制，从政府层面突破高校内部壁垒，整合高校现有数据资源，加快数据资源共享，保证高校教学数据资源的安全性、有序性、实用性和特色性。

## 二、高校层面

### （一）建立系统的大数据培训体系

培训是提升高校教师教学能力的重要途径之一。为了紧跟大数据时代的潮流，高校要改革和完善高校教师专业的发展培训体系，重新设计高校教师培训项目。在培训内容上，要以高校教师发展的根本需求为导向，根据不同的培训对象采取差异化的培训课程体系和教材，做到个性化培训、多元化培训、按需培训；职前职后的培训内容也应各有侧重，职前重理论，职后重实践。在培训方式上，要注意传统培训与网络培训相结合，充分利用网络平台开展研讨和交流，在培训过程中贯穿自主、交互、探究、体验式的学习活动，让高校教师能够通过网络在线自主学习体验新的学习方式，将所学运用于高校教学实践中。

信息素养是大数据时代高校教师教学能力的核心要素，包括对高校教学信息的提取、解释、处理，以及将其转化为高校教学智慧的能力。为符合大数据时代的要求，高校还应建立规范的高校教师数字培养机制，专门指导高校教师树立大数据理念和思维，学习大数据技术，掌握使用数字资源的方法和学习分析技巧。在培训渠道方面，单靠高校自身的力量是不够的，高校要充分利用政府与社会资源，建立高校教师信息素养培训合作机制，也可以与大数据技术应用公司以及大数据培训机构等进行培训合作，不断提升高校教师的信息素养。

### （二）建立健全高校教师评价体系

好的高校教师评价体系不仅能够帮助高校教师有效地评估自己当前的教学水平，客观地分析自己的教学能力，还能使高校教师处在一个良性的竞争环境中，激发教学潜能，提升教学能力。在大数据时代，大数据实时多元化地采集了涉及高校教学全过程的各种数据，通过整合学生的学习行为信息、学生的成绩及各类评价信息等，可以更加客观、公正、准确地从多维度评价高校教师的教学质量。因此，高校要充分利用大数据技术构建科学合理的教学评价制度，完善评价指标体系和反馈机制，采用过程评价与结果评价相结合的模式，结合教师、学生等的评价进行系统综合分析，确保评价的科学性、客观性、有效性和诊断性。

### （三）建立良好的激励支持环境系统

高校应该充分利用大数据技术创建良好的高校教学物质基础和文化环境，为高校教师教学能力的提升营造良好的外在氛围。第一，加大对教育大数据硬件设施的投入，优化校内大数据技术设备资源配置，丰富完善校内大数据教学平台，进行科学合理的教学资源管理，满足新时代高校教师的教学需求，为培养高校教师教学能力提供物质基础。第二，建立相应的激励机制，调动高校教师的积极性，鼓励高校教师利用大数据开发优质的教学资源，如加大慕课开发力度，编写一批多介质、数字化、智能化、快速迭代的新形态教材。第三，高校应建立高校教师数字资源帮助机构，为高校教师提供专业便捷的技术指导，破解高校教师在自我学习大数据知识中的一些疑惑，以顺畅地运用大数据技术，更好地适应学生学习的个性化、多元化发展。

## 三、高校教师层面

### （一）努力提高自身大数据素养

在大数据环境下，高校教师必须具备一定的数据素养，能够运用相关数据来进行教学决策，制定科学的教学目标，采用高效的教学方法，进行个性化的教学设计等，并能运用大数据进行教学反思，调整教学策略。为此，高校教师要积极重视提升自身的数据素养。一方面，高校教师要主动学习大数据知识，深刻理解大数据的内涵和特点，熟悉大数据的构成，掌握数据分析与数据挖掘技术；另一方面，在教学实践中要树立大数据意识和大数据思维，强化数据资源在教学中的应用。高校教师要积极利用教学网络平台和数据资源开展工作，根据教学元数据进行深入的数据挖掘和数据收集，构建个性化的数据信息系统，以数据为导向，改进教学策略，优化教学效果，以更好地为高校教学服务，为学生的成长提供有利条件。

## （二）重新审视自身的角色定位

在大数据时代，新思想、新观念、新技术层出不穷，教师的角色也在悄然发生变化，从传统的知识占有者、知识传授者、课程的执行者转变为学习活动组织者、学习的引导者、课程的开发者，完成了由“教书匠”到教育研究者的角色转变。因此，为了适应新时代的变化，高校教师要转变认识、更新观念，重塑自身角色定位，真正地成为学科知识的引领者、学生学习生涯的解惑者。大数据时代的高校教学工作不再是一劳永逸的，高校教师应从“知识固守者”转变为“终身学习者”，树立终身学习的理念，不断更新自己的专业知识和技能，熟练掌握大数据教学理念和观念、模式和操作流程，积极探索大数据在教学中的应用方式，使其深入融合到高校教学的全过程中，完成大数据时代高校教师的角色转变。

## （三）探索实施精准教学策略

大数据技术和个性化学习理念在高等教育领域交融发展，实现了数据驱动的精准教学。高校教学逐渐从面向宏观群体转化为面向微观个体，从不同层次的学生实际和发展出发，有针对性地实施差异化教学，使教学向着“以生为本”“个人定制化”的方向发展。对于高校教师而言，在课前要精心设计，利用大数据技术对学生的学习行为进行精准、全面、客观的学情分析，深层次地了解学生的兴趣偏好和学习动机，掌握学生的学习能力和学习需求。在此基础上，要根据学生的个体差异确定精准的教学目标和教学内容、选择合适的教学材料和教学方法，制定不同的评价指标。在课中，要根据教学内容积极采用多元化教学策略，如案例教学、情景化教学、研讨式教学、虚拟实践教学等，激发学生的学习兴趣，引导学生主动思考。在教学模式上，教师可以充分利用大数据技术进行“线上+线下”混合教学，营造交互式、泛在化的混合学习环境，采用智能高频互动方式让师生进行多元交流，实时反馈教与学的过程信息，为培养学生高阶思维能力提供更多的有利条件。在课后，要精益辅导，在干预和反思的过程中积极与学生分享交流，根据学生个体的特征和需求进行精准辅导，并为学生提供量身定制的学习资源，培养学生自主学习的能力、独立思考的学习习惯。

# 第九章　人工智能与高校教学系统的改革与创新

随着计算机的普及，人工智能在一定程度上将教师从繁重的脑力劳动中解放出来，大大提高了高校教学效率和质量，同时学生也可以腾出更多的精力学习更多、更新的知识。为了使人工智能在高校教学领域得到更好的应用和发展，本章对人工智能与高校教学系统的改革与创新展开了论述。

## 第一节　人工智能与高校教学融合概述

人工智能并不是一个单一的学科，而是涵盖了心理学和哲学等多门学科的综合性学科，属于交叉学科，并非一门课程。人工智能实际上就是由人类制造出来的一种无须进行有机活动的智能体，能够在一些领域代替人类进行活动，为人类提供生产生活方面的便利，通过模仿并延伸人体器官的功用，将人类从大量简单的、重复性的工作中解放出来。鉴于此，本节针对人工智能与高校教学融合存在的问题进行了分析，并提出了相应的策略。

### 一、人工智能与高校教学融合中存在的问题

#### （一）高校教学对人工智能过度依赖

人工智能具有知识传授标准化、无差错、可还原、可重复等特点，能够提

高高校教学的质量和效率。因此，简单的记忆和理解类的低阶知识传授正在逐渐被人工智能取代，但这也导致高校教学对人工智能的过度依赖，具体表现在以下几个方面。第一，盲目地相信人工智能，极易导致判断偏激。例如，对有问题的学生作业进行个别化诊断，可能会发现一些学生过度训练，一些学生没有精准练习的问题。第二，过度依赖人工智能，容易导致教师的教书角色逐渐弱化，从而影响高校育人目标的实现。其原因在于，人工智能使教师与学生的接触逐渐减少，导致教师对学生的了解程度降低，进而难以进行个性化培养和因材施教。第三，依赖人工智能，难以保证学生的道德素养、情感素养、哲学与审美素养、基于批判性思维的创新素养的建立，而这些人文素养是培养优秀人才的关键指标，不容忽视。

### （二）人工智能带来浅层学习

人工智能的发展促进了泛在学习模式的变革，打破了课堂和教材的边界，拓展了学习的时间和空间，带来了体验性和探究性的学习方式。人工智能对学习的多方位支持，也极易造成浅层学习。具体表现为过度的体验式学习会助长学生对知识立体化和可视化的依赖，容易使学生滋生思考惰性，弱化学生的思考力、创造力和想象力；过多的知识获取途径造成了碎片化的学习方式，打破了知识的系统化和整体化，由此造成的离散化和不完整的知识体系不利于知识的迁移和应用。

### （三）人工智能导致教育功能弱化

赫尔巴特认为，不存在无教育的高校教学，即高校教学具有教育性。也就是说，高校教学不仅在传授知识，也在实现对学生道德认知的提升、情感的陶冶、意志的锻炼、性格的完善和价值观的塑造。但是，人工智能极易导致高校教学的教育功能弱化。目前，人工智能的知识传授大多数局限于低阶认知范围，以容易理解和记忆的简单知识为主，缺乏具有复杂性、批判性和创新性的高阶思维。也就是说，过度依赖人工智能，可能会导致学生缺乏批判精神、探索精神、创造精神和人文素养等，即依赖于人工智能的高校教学只能做到教书，难以做到育人。知识或可言传，德行须得身教。高校要实现“立德树人”，就势必需要发挥人和人工智能两者的优势。

## 二、人工智能与高校教学融合的策略

人工智能与高校教学融合的策略主要从高校教学理念、高校教学内容、高校教学过程和高校教学评价四个方面展开。高校教学理念是高校教学的原则和目标，指导和引领高校教学的实施；高校教学内容能够补充和完善高校教学过程，高校教学过程则是高校教学内容的具体体现；高校教学评价能够对高校教学过程进行评估和分析，对高校教学过程起到促进和反馈作用，从而进一步促进高校教学理念的升级和优化。这个过程形成了一个闭环，通过正向支撑和闭环反馈的有机结合，促进着人工智能与高校教学的深度融合。

### （一）人工智能与高校教学理念的融合

一方面，人工智能代替了传统的重复性知识传授，提高了高校教学的质量和效率；另一方面，人工智能也推动了人们对教育观念的反思和变革。基于此，高校教学应从简单的知识传授转向多元化发展，培养学生的批判性思维、沟通能力、协作能力、创新创造能力，达到培养和发展学生的人类独有能力和人工智能能力的双重目标。同时，教师应从知识传授者转变为学习伙伴、学习促进者和情感引导者，在以人为本的前提下实现人机协同。

### （二）人工智能与高校教学内容的融合

容易理解的、简单的知识体系可以由人工智能完成传授，而道德素养、情感素养、创造性思维等高阶思维则需要教师的引导。高阶思维是未来人才必备的重要特质，因此在高校教学内容上，教师应提高对高阶思维能力的关注度。从学科划分的角度来看，高校教学内容应从单一的、独立的学科知识，转向跨学科的、系统性的全面发展。从高校课堂教学的角度来看，高校教学内容应该提倡以问题为导向，发挥学生的主体作用和教师的引导作用，从课堂知识传授转向以探究性学习、反思性研讨等为主的活动训练，从而实现学生的知识内化，提升学生的知识迁移能力。从信息素养的角度来看，面对大量的人工智能应用，教师要注重培养学生对学习资源的选择和判断能力，应用人工智能进行学习的自主、协作、探究能力，在人机协同中的学习能力和创新能力。

### （三）人工智能与高校教学过程的融合

人工智能与高校教学过程的融合体现在辅助教师教学、改进教学环境与提升学习体验上。第一，人工智能可以辅助教师组织高校教学材料。通过人机合作的优势互补，教师不再需要从事烦琐、机械和重复的事务性工作，而是要重点发挥情感交流、人际交往等机器无法发挥的独特育人作用，将高校教学过程的侧重点转向育人。第二，人工智能改进高校教学环境，提升学生学习体验。人工智能实现了学生学习空间和时间的无限拓展，使得学生获取知识的途径不再局限于课堂，而是“跳跃在指尖”。因此，教师应充分利用人工智能的优势，做好人机协同工作。第三，充分利用人工智能的优势，使知识的呈现形式和内容表现变得更具吸引力、感染力和生命力，从而吸引学生的注意力。借助人工智能，教师能够充分利用资源，做好引导，从而优化高校教学效果。因此，人工智能与高校教学过程的融合契合《教育信息化2.0行动计划》中提到的以数据为基础、以体验为中心、以智能为导向的发展方向。①

### （四）人工智能与高校教学评价的融合

借助人工智能的实时监控、数据采集和精确分析功能，高校教学的个性化评估和及时性反馈的效率和质量得以大大提高。因此，充分利用人工智能，可以促进高校教学评价的持续改进和优化。首先，高校教学可以充分借助人工智能的实时监控功能，获取海量的高校教学和学习数据，从而为科学、动态地评估高校教学提供依据。其次，人工智能的介入，使得海量的监测数据流动于高校教学过程中，因此评估学生学习表现和诊断高校教学质量可以贯穿高校教学全过程，实现伴随式高校教学评价，从而更好地发挥评价的导向和推动作用。最后，依托人工智能的个性化评估功能，可以充分拓展教师观察学生的深度和广度，帮助教师以更准确的数据掌握学生的学习状态和进度，从而真正实现因材施教。

# 第二节　人工智能教学系统的结构框架和技术支撑

## 一、人工智能教学系统的结构框架

### （一）线上高校教学模块

线上高校教学模块主要以教师为主体。在此模块中，教师可以设计在线课程，并对高校教学资源加以展示，或者用文档形式提供高校教学内容等，保证高校教学内容的充实性及趣味性。此外，在线上高校教学中，教师要更注重对知识点的讲解，以夯实学生的学习基础。

---

① 王贵文. 人工智能（AI）技术对英语翻译专业的影响及高校教学改革路径研究[J]. 教育进展，2024（6）：1438-1443.

### （二）作业练习模块

作业练习模块将学生作为主体。在日常学习及生活中，学生可在此模块中学习理论、练习测试题集、观看高质量高校教学视频。此模块包括多种不同题型，可以提高学生学习的效率及质量。学习相同课程的学生可以在此模块中组建学习社区，互相分享学习方法和经验，实现共同进步。此外，此模块具有个性化的学习动态及主页展示功能，学生可在此分享学习成绩，总结学习心得体会等，从而明确自身的学习情况，激发对学习的兴趣。

### （三）智能化高校教学管理模块

智能化高校教学管理模块也是以教师为主体的。此模块在经过教师的个性化设置后，能够将所有课程、内容以图表等形式清晰地呈现出来，让教师一目了然，提高其工作效率。此外，此模块还具有班级公告、班级任务、学习监控、课堂互动、批量结课等专门的高校教学管理功能，有利于教师掌握学生的实时学习情况，进而实现对学生的在线辅导、疑问解答。这一模块还可以运用大数据技术及时为学生推送本次课程的重点、难点内容。

### （四）智能测评模块

智能测评模块是基于互联网资源对题库、机器阅卷等功能进行整合的重要模块，主要包括管理、机考两大系统。模块中的试题类型众多，能满足教师组织学生参加能力测试的需求。同时，部分客观题能实现自动批阅，省时高效。

## 二、人工智能教学系统的技术支撑

### （一）Web 技术

Web技术已成为人工智能教学系统不可缺少的技术。目前，对于将Web技术应用于人工智能教学系统，国内外已有大量研究，集中体现在以下方面：一是基于人工智能教学系统的知识模型。有文献研究了基于人工智能教学系统中知识模型的构建，包括知识点的划分、知识网络模型的构造，并探讨了在知识模型的基础上如何实现教学控制。二是基于人工智能教学系统的形式化模型。该模型由用户环境和教学环境组成。用户环境的目标是引导人工智能教学系统采取最适合用户的教学内容和教学策略，教学环境的目标是根据用户环境所提供的信息来动态生成个性化的教学页面序列，构建以最优化的教学资源和策略取得最好的教学效果的目标模型。三是基于Web的人工智能教学系统模型的板块。其以认知科学为理论基础，综合利用教育心理学、计算机科学等多门学科的成果形成一种对学生实施有效教学的技术。

## （二）智能代理技术

智能代理技术是利用传感器感知环境，利用效应器作用于环境中的实体。广义的智能代理包括人类、物理世界中的移动机器人和信息世界中的软件机器人，而狭义的智能代理则专指信息世界中的软件机器人，是代表用户或其他程序，以主动服务的方式完成一组操作的机动计算实体，其主动服务包括主动适应性和主动代理。智能代理一般有代理性、智能性、机动性和个性化的特征。代理性主要是指智能代理的自主与协调工作能力，表现为智能代理从事行为的自动化程度，即操作行为离开人或代理程序的干预的表现。智能性是指智能代理的推理和学习能力，它描述了智能代理接受用户目标指令并代表用户完成任务的能力，能够帮助用户在一定程度上克服信息内容的语言障碍，捕捉用户的偏好和兴趣。机动性是指智能代理在网络之间的迁移能力，即让操作任务和处理从一台计算机迁移到另一台计算机的能力。

## （三）大数据和云计算技术

麦肯锡全球研究所对大数据的定义是：一种规模大到在获取、存储、管理、分析方面大大超出了传统数据库软件工具能力范围的数据集合。运算和存储是大数据所面临的两大问题，也是云计算所要解决的问题。云计算是在并行计算的基础上发展而来的，并行计算即同时使用多种计算资源解决计算问题的过程。相较于普通的计算而言，并行计算一次可以执行多个指令，计算速度快，问题求解规模大，可以解决大型而复杂的计算问题。关于云计算的定义，现阶段被广为接受的是美国国家标准与技术研究院给出的定义，即云计算是一种按使用量付费的模式，这种模式提供可用的、便捷的、按需的网络访问，使用户进入可配置的计算资源（包括网络、服务器、存储、应用软件、服务）共享池。这些资源能够被快速提供，只需投入很少的管理工作，或与服务供应商进行很少的交互。

云计算具有较强的可靠性、通用性和易扩展性，可以赋予用户前所未有的计算能力和存储能力；同时，用户可以依照自己的需求去使用某一部分功能，并且只为该部分功能付费。此外，云计算的虚拟化特点使得海量数据的计算和存储不会受到地理位置的限制，十分便捷。

大数据和云计算两种技术相辅相成、互相促进，共同支撑着人工智能教学系统的发展，助力解决高校教学难题。

### （四）数据挖掘技术

数据挖掘技术是在庞大的数据集中进行寻找和分析的计算机辅助处理过程。在这一过程中，可以发现先前未曾发现的数据，然后从这些数据中发掘某些信息，包括描述过去和预测未来趋势的信息。利用数据挖掘技术中的主成分分析、聚类分析等方式，人工智能教学系统可以对学生的成绩或者其他信息进行一系列的描述性数据挖掘，分析确定学生的能力分类，把学生按某种能力属性分成若干小组，再根据各门课程的特点分析不同学生的能力倾向，据此为不同学生提供科学的专业学习指导。

### （五）机器学习

机器学习涉及计算机科学、统计学、神经网络、概率论、优化理论、计算复杂性理论等多门学科，它的主要思想是设计和分析让机器“自动”学习的算法，通过数据和以往经验来不断提升算法性能。按照学习模式，可以将机器学习分为监督学习、无监督学习和强化学习等。

监督学习是指使用给定的标记数据集来训练机器学习模型，并利用该模型实现对新数据的预测。常见的监督学习算法有统计分类和回归分析。

与监督学习相反，无监督学习是训练数据集未被标注的机器学习方法，它通过对无标记的数据进行自我巩固和归纳，从而构建出无标记数据内隐含规律和特征的模型。聚类是典型的无监督学习算法之一。

强化学习将环境因素考虑到训练过程中，基于外界刺激不断调整模型自身反馈，以达到在外部环境下的利益最大化。强化学习在进行模型训练时，利用当前模型的指导，选择出对完善模型最有利的下一步行动，并在行动获得“奖赏”后调整更新模型，直至收敛。

除此之外，机器学习还有深度学习、迁移学习、演化学习等多种以其他分类方式划分出的类型，这些不同类型也体现了机器学习算法的多样性和综合性，均适用于人工智能教学系统。

### （六）自然语言处理技术

自然语言处理是一种对自然语言信息进行处理的技术。从语言学的角度来说，自然语言处理技术的应用主要包括两个环节。一是自然语言理解。自然语言理解是指对自然语言的内容和意图进行深层把握。二是自然语言生成。自然语言生成是指从非自然语言输入到自然语言输出的处理。现阶段的自然语言处理技术在人工智能教学系统中的应用主要集中于四大方向：语言学方向、数据处理方向、认知科学方向以及语言工程方向。随着自然语言处理技术的蓬勃发展和深入研究，人工智能教学系统将得到进一步的优化发展。

## 第三节 人工智能环境下的虚拟仿真教学系统的建立

虚拟仿真技术是20世纪末兴起的一门崭新的综合性信息技术，是发展到一定水平上的计算机技术与思维科学相结合的产物。它采用以计算机技术为核心的现代高科技生成逼真的视、听、触等一体化的虚拟环境，用户借助必要的设备以自然的方式与虚拟世界中的物体进行交互，是一种人与虚拟环境进行自然交互的人机界面。它由计算机硬件、计算机软件和传感设备等组成。这种技术的特点在于计算机产生一种人为虚拟的环境，人可以直接观察、操作、触摸、检测周围环境及事物的内在变化，并能与之发生交互作用，给人一种身临其境的感觉。

虚拟仿真教学系统基于计算机技术和虚拟仿真技术，通过整合多媒体资源提供高仿真、可视化的教学内容，创设具有临场感、沉浸感和交互性的实践教学情境，吸引学生积极完成学习任务，为学生提供更加丰富、生动、直观的教学体验，已经成为人工智能与高校教学融合的研究热点。在高校教学中，常见的虚拟仿真教学系统有两类：一类是虚拟教室系统，另一类是虚拟实验系统。

### 一、虚拟教室系统及其应用

#### （一）虚拟教室系统的概念

虚拟教室系统是运用计算机技术、多媒体技术、数字压缩技术、网络通信技术等信息技术，将多学科、多领域融合交叉而形成的产物。它是在计算机网络的基础上利用多媒体技术构建教学环境，使身处异地的教师和学生相互听得到、看得见。它是以建构主义理论为基础，利用计算机多媒体技术、网络技术、现代通信技术等构建的数字化网络教育支撑平台。它为教师和学生提供了一个类似传统教室同时又不受时间、地点限制的网络教学环境。

#### （二）虚拟教室系统的特点

虚拟教室系统为学生创新能力的培养提供了一个虚拟的教学环境。通过虚拟教室系统，可以进行网上“研讨式”教学，实现交互对象、交互内容、交互方式、交互媒体的多样性，突出创新教育，实现教学资源共享。虚拟教室系统具有以下特点。

1. 教学灵活性

在虚拟教室系统中，教师的“教”和学生的“学”不受时间、空间的限制。只要有一台连入网络的计算机，教师和学生就能够在任何时间和地点进行教学与学习活动，学生也可以与各地的教师和学习伙伴方便地交流。

2. 地域不限性

在虚拟教室系统中，学生可以选取任意教师的所有课程，不必受地域的限制。分处世界各地的不同国家、不同民族的学生通过虚拟教室系统可以在一起学习、交流，因此虚拟教室系统具有重大的社会效益和经济效益。

3. 适应创新教育的需要

虚拟教室系统为培养创新人才提供了个性化教学环境，增强了学生学习的自主性，提高了学生学习的自由度，让学生能够在研究中学习、在创造中学习、在探索中学习。

4. 教学管理自动化

在虚拟教室系统中，许多教学管理工作可以由系统自动完成，如学生注册、作业收集、成绩统计、反馈信息收集等。这既节约了人力资源，又提高了教学服务质量。

### （三）虚拟教室系统的构成

虚拟教室系统有3个组成部分，分别是使用者部件、控制中心和教学资源库。它们构建了3层架构的功能模型（见图9-1）。

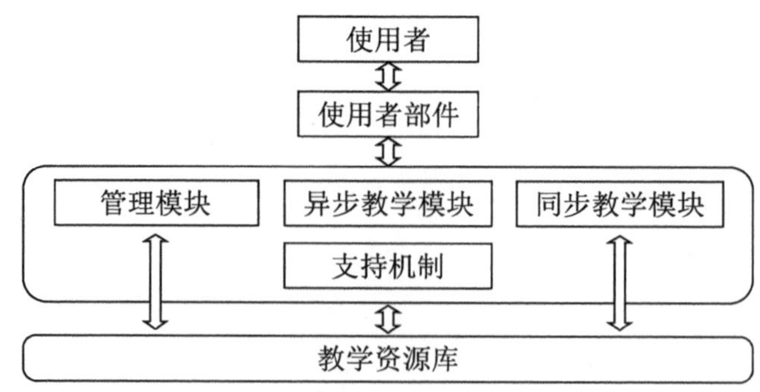


**图 9-1　虚拟教室系统的构成**

#### 1. 使用者部件

使用者部件包括教师部件和学生部件。教师和学生在进行注册后，就可以访问虚拟教室系统控制中心。

#### 2. 控制中心

此功能模块是虚拟教室系统的核心部件。通过控制中心，教师和学生可以访问虚拟教室系统所提供的各种资源。控制中心由管理模块和教学模块组成。

（1）管理模块

管理模块包括注册管理系统和课程资料管理系统。注册管理系统由教师注册管理和学生注册管理组成，相关信息存放在各自的信息单元中；课程资料管理系统用于实现对教室资源库中教学内容的管理。

（2）教学模块

教学模块包括同步教学（实时教学）和异步教学（非实时教学，由教师将课件制作好后，学生在虚拟教室系统中进行学习）两种形式。

#### 3. 教学资源库

虚拟教室系统的教学资源库由教学信息、管理信息和支持信息构成。教学信息包括教学内容和记录内容两大类。教学内容包括以下几类：媒体素材、案例、题库、网络课件和在线课程等；记录内容是在学生的学习过程中生成的，包括学生的作业集、学习过程记录等。管理信息包括教师信息和学生信息以及课程概况。支持信息是用来为学生的自学过程提供支持的信息。

虚拟教室系统的学习资源主要采用文本、图片、声音、动画、视频等多媒体信息形式，对相关学习资源进行收集、汇总，并通过数据库记录、文件下载、超文本、超媒体等多种方式实现应用。

### （四）虚拟教室系统的应用

目前，常见的虚拟教室系统有基于视频会议系统的虚拟教室系统、二维虚拟教室系统、三维虚拟教室系统等。基于视频会议系统的虚拟教室系统是在现有视频会议系统的基础上改制而成的，在普通的教室中装备大屏幕、投影机、电子白板、摄像头、麦克风、增强现实与虚拟现实等硬件设备，即可实现视频、语音的双向传递，使教师可以像在普通教室中一样用语言、手势、板书等熟悉的方式来实现远程教学。二维虚拟教室系统通常提供视频、电子白板及文本交互工具，一般支持两种媒体流同步结合。一种是用于教师授课的真实视频，以视频开窗的形式显示在右下角；另一种是用于显示课件内容的视频。但是，以上两种虚拟教室系统在师生交互、课堂存在感等方面都存在缺陷。三维虚拟教室系统能较好地模拟出教室场景，使大学生能自由选择自己的学习形象，与学习伙伴“面对面”地协同学习。

## 二、虚拟实验系统及其应用

虚拟实验是相对于真实实验而存在的，两者的主要区别在于实验过程中所触及的对象与事物是否真实。在真实实验中所采用的实验工具、实验对象都是以实物形态出现的；而在虚拟实验中，没有以实物形态存在的实验工具与实验对象，实验过程主要是对虚拟物的操作。

虚拟实验系统是以教学理论、相似原理、信息技术、系统技术以及与其应用领域有关的专业技术为基础，以计算机和各种物理效应设备为工具，采用“面向对象”思想创建的能够实时操作的、非实在的实验空间。在此环境中，实验者可以像在真实的环境中一样完成各种预定的实验项目。

### （一）虚拟实验系统的特征

#### 1. 开放性

虚拟实验系统能给学生提供在任何时间与地点进行学习、研究的机会，使学生可以不局限于教师先前确定的千篇一律的教学目标、内容、方法、评价与思维等，可以灵活地选择最佳的学习方式。这样一来，开放的学习时空与开放的教学方式就使学生享有了平等的学习机会，享有了在虚拟实验环境中进行实验的权利，以及进行独立思考、自主设计的学习空间，有利于培养他们的动手能力、思维能力与探索能力。

#### 2. 实践性

实践性应当是实验的本质特征，虚拟实验也同样如此。虽然虚拟实验不能像真实实验那样直接地提供新的未知事实，但在人们获取对事物的新的认识、完善已有的知识结构、提高实践能力等方面具有重要的作用，也具有明显的实践特征。从某种角度来看，虚拟实验系统给实验者提供了一定的实践环境，如在汽车虚拟实验系统中，学生可以用虚拟工具将汽车的零部件一件件拆下来，观察各个组成部分，还可以将零件重新装回去。人们借助虚拟实验系统，虽然不能像在真实环境中那样获得直接经验，却能加强对相关领域的认识，以便在今后的实践活动中懂得应当如何行动。

3. 经济性

传统实验需要借助具体的实验设备，而一些实验设备价格昂贵、损耗大，这对于实验经费不足的高校来说是难以承受的。虚拟实验设备不存在磨损、破坏问题，可重复使用，既满足了教学要求，又能节省实验经费，提高办学效益。

4. 安全性

一些危险性比较高的实验，若操作者一时疏忽，很容易造成严重危害。虚拟实验能避免传统实验中的危险现象，一些有毒有害、污染环境的实验和破坏性实验，都可在虚拟实验系统内完成。

5. 跨时空性

虚拟实验系统可以利用虚拟现实技术打破空间的限制。大到宇宙天体，小至原子粒子，虚拟实验系统都可以从物体的内部、外部进行三维观察。例如，学生能够在虚拟的天体实验中，考察每个天体的情况以及天体之间的相互作用，了解整个天体的运行规律。虚拟实验系统也可以突破时间的限制，如对于有些需要长时间才能观察到变化过程的实验，可以通过虚拟现实技术进行模拟，在短时间内观察现象。

6. 多样性

虚拟实验系统可为具有不同学习背景的学生提供不同的实验内容、实验资料等。在虚拟实验教学中，处于主导地位的教师考虑到学生存在的个体差异性，可以为学生提供功能、性质、实现技术等不同的实验，以满足不同学生的需求。与此同时，教师可以有针对性地为学生提供不同的实验资料，与学生选择的实验内容相匹配。多层次的教学资源适应多层次的需求，更显示出虚拟实验系统的无限生机。

### （二）虚拟实验系统的教学应用

虚拟实验中在技能训练方面开展得较多。技能训练是使大学生把已获得的知识运用于实践活动中指导大学生动手操作或制作，把知识转化为能力，从而获得应用知识的本领。虚拟训练系统的应用不仅减少了费用，而且提高了安全性，进一步拓宽了技能训练的范围。

# 第四节　人工智能环境下信息化智慧教学环境的创设

在信息技术日新月异的今天，人工智能作为引领未来发展的重要力量，正深刻地改变着社会的每一个角落，教育领域也不例外。创设人工智能环境下的信息化智慧教学环境，不仅是现代教育技术进步的必然趋势，更是培养适应未来社会需求的创新型人才、推动教育现代化进程的关键举措。人工智能环境下的信息化智慧教学环境可以细化为智慧校园、智慧教室两个方面，本节将从这两个方面出发，对人工智能环境下的信息化智慧教学环境的创设进行探索。

## 一、智慧校园的建设

智慧校园是以物联网、云计算、人工智能等技术为基础，以面向师生的个性化服务为理念，以各种应用服务系统为载体而构建的集教学、科研、管理和校园生活于一体的新型智慧化的工作、学习和生活环境。智慧校园旨在利用先进的信息技术手段，实现基于数字环境的应用体系，使得人们能快速、准确地获取校园中的人、财、物和学、研、管业务过程中的信息；通过综合数据分析为管理改进和业务流程再造提供数据支持，推动高校进行制度创新、管理创新，最终实现教育信息化、决策科学化和管理规范化；通过应用服务的集成与融合来实现校园的信息获取、信息共享和信息服务，从而实现智慧化的教学、智慧化的科研、智慧化的管理、智慧化的生活及智慧化的服务。可以说，智慧校园是多域融合共享和泛在的智慧服务，它能实现多域间资源以及业务的融合和共享，并实现无所不在的信息服务综合化和智慧化。在人工智能环境下，建设智慧校园，不断推进以高校为主体的教育信息化进程，成为创设智慧教学环境、推进教育信息化的重要措施。

### （一）智慧校园建设的总体目标

智慧校园建设的总体目标就是在现有校园网络的基础上，体现“以人为本”的理念，把各种传感器装配到教学、科研、后勤、生活等部门，通过智慧校园平台形成物联网，将各种信息融合到高校的每个人和每件物上，实现人与人、人与物、物与物的互联与协作，做到服务于全体师生。

## （二）智慧校园建设的总体架构

智慧校园建设的总体架构从下到上分别为智能感知层、网络通信层、智能信息采集与管理平台层、智慧应用支撑平台层、智慧校园应用层和统一信息门户，辅以信息标准与规范体系、运行维护与安全体系两个保障体系保障智慧校园的规范建设与运行维护。

### 1. 智能感知层

在智慧校园总体架构中，智能感知层位于最底层，通过无处不在的传感器、标签、摄像头等感知和识别校园中相关物体的信息，实现对校内人员、设备、资源等环境的全面感知，包括物与物的感知、人与物的感知，以及系统之间信息的实时感知、捕获和传递等。这就要求智能感知层不仅要实时感知人员、设备、资源的相关信息，而且要感知学生的个体特征和学习情境。

### 2. 网络通信层

网络通信层的主要功能是实现移动网、物联网、校园网、视频会议网等各类网络的互联互通，实现校园中人与人、物与物、人与物之间的全面互联互通与互动，为随时、随地、随需的各类应用提供高速、泛在的网络条件，从而提高信息获取和实时服务的能力。

### 3. 智能信息采集与管理平台层

智能信息采集与管理平台层包括智能信息采集网络、物联网数据 / 元数据、物联网互通管理中心、物联网设备运行管理中心，主要功能是实现对收集到的数据的整理及不同系统之间数据的格式转换。

### 4. 智慧应用支撑平台层

智慧应用支撑平台层负责对收集到的信息进行全面集成、数据挖掘和智能分析。智慧校园中沉淀的多源、海量的非结构化和结构化数据，均需通过Hadoop集群进行挖掘，并将数据分析和处理的结果存储在专用数据库中供系统和用户使用。

智慧校园以实现个性化服务为目标，在客观上要求对用户的实际需求进行挖掘。校园网、无线网、一卡通、慕课、数字学习、社交平台等系统的海量日志蕴含了用户在日常工作、学习、生活中的行为习惯和爱好等，这为通过数据挖掘提升用户的使用体验、改进服务流程和提高服务质量提供了条件。

#### 5. 智慧校园应用层

智慧校园应用层主要提供个性化服务、智能决策服务等。智慧校园应用层通过将教务管理系统、科研管理系统、人事管理系统、财务管理系统、资产管理系统等典型业务系统，传感系统、视频监控系统、社交网络系统等新型业务系统，以及各种应用系统高度融合，构建了开放的学习环境，能够为师生提供个性化、智能化的应用服务。

#### 6. 统一信息门户

智慧校园融合了各种服务，使展现在用户面前的不再是一个个孤立的应用系统，而是一个统一信息门户。统一信息门户提供统一的接入门户和入口界面，针对不同授权角色的用户，提供个性化的信息服务。用户只需访问个性化的校园门户，就可以进行各种信息资源的查询、交互与协同。同时，信息化的服务方式提高了管理效率和管理水平，有助于监控服务质量，提高服务能力。

#### 7. 信息标准与规范体系

信息标准与规范体系确定了信息采集、信息处理、信息交换等过程的标准和规范，规范了应用系统的数据结构，满足了智慧校园建设的要求，为数据融合和服务融合奠定了基础。

#### 8. 运行维护与安全体系

运行维护与安全体系是智慧校园正常运行的重要保障。智慧校园的安全涉及物理安全、网络安全、数据安全和内容安全四个方面。物理安全包括设备安全、环境安全、容灾备份、介质安全等。网络安全包括风险评估、安全检测、数据备份、追踪审计、安全防护等。数据安全主要包括数据库安全、数字签名、认证技术等。内容安全主要包括数据挖掘、隐私保护、信息过滤等。

### （三）智慧校园的功能模块

#### 1. 身份管理模块

身份管理模块是对全校师生身份的统一认证和管理。师生可以到智慧校园管理中心申请在校园卡中以电子标签的形式填写自己的个人基本信息，使校园卡成为自动识别身份的终端。这样一来，师生的基本信息就可以通过师生信息基本数据库进行转换。在教师离职、退休，学生毕业时，教师和学生可以申请删除卡中的个人信息；当教师或者学生的信息发生改变时，也可以申请更改卡中的信息。

### 2. 智慧教学模块

智慧教学模块主要包含五个子模块，分别是智慧教室、教学设备、智慧课程、实验实训、智慧考核。智慧教室通过对教室中的人、设备、环境、师生情绪等进行精确感知和监控，对信息进行综合运用，根据不同的教学内容，利用现代教育技术及教室中的装置和设备，提出情景教学模式，体现教学内容呈现的优化性、学习资源获取的便利性、课堂教学互动的深度性、教学情景体验的感知性、教室设备布局的管理性特征，最终达到提高教学质量和提升学生就业能力的目标。教学设备是相互独立的，彼此之间的关联不太紧密，通过物联网将各个教学设备连接成一个互联互通的网络，可以提高教学设备的利用率。智慧课程借助互联网将计算机、手机等终端设备连接到专业资源库上，使师生随时随地都可以方便快捷地访问专业资源库。在没有专业人员在场的情况下，通过自动识别学生或教师的身份并自动检测设备的状态，可以让他们自由出入实验实训场地，实现实验实训的智慧化。智慧考核既是对教师教学质量的考核，又是对学生学习情况的考核。智慧考核可以公平公正地实现对教师和学生的同时考核。

### 3. 智慧科研模块

智慧科研模块主要包括四个子模块，分别是项目管理、成果管理、政策法规、学术交流。项目管理子模块可以借助互联网，实现与上级主管部门及其他相关部门在科技方面的沟通，及时了解政府部门的科技政策与信息，组织横向和纵向的科研项目材料申报、报表统计、合同管理、过程检查管理、项目结题验收等，还能实现对科研经费的管理与监督。成果管理子模块可以实现专利申请、科技成果的鉴定并利用各种渠道发布科技成果，促进科技成果的转化。政策法规子模块负责及时向全校师生发布关于科技发展的政策法规，并起草高校层面的科技管理制度。学术交流子模块负责组织和管理校内的学术交流活动，促使校内单位或个人加入学术团体的管理工作等。

### 4. 智慧管理模块

智慧管理模块可以提供智能高效的校务管理，包括数字迎新、协同办公、智能环境监测管理。

（1）数字迎新

通过数字迎新系统，新生在入学报到时，可以通过手机或者电脑等终端，便利地了解需要办理的手续。新生导航模块可以非常智能地引导新生先到哪里进行身份确认，然后到哪里进行缴费，如何领取开学物品，最后如何办理宿舍登记等，实现了入学手续办理的智能高效。同时，高校统一数据平台会实时将迎新系统的数据共享给学生处、教务处、财务处等相关部门，便于高校各部门能及时掌握新生报到动态，提前安排好各项准备工作。

（2）协同办公

协同办公可以实现多校区、各级单位工作的快速协同。协同是将在时间上分离、在空间上分散，但又相互依赖、相互协作的个体相联系的过程。通过设计表单与流程，实现公文网络审批的智能流转、电子签章、多人会签等，既规范了管理流程，又大幅提高了工作效率。同时，相关领导和工作人员可以利用手机进行公文批阅，重要的校内新闻、通知、公告、公文等也能够以手机短信、手机邮件等各种方式实现推送，实现重要事务的应急响应与及时处理。

（3）智能环境监测管理

通过智能环境监测管理，学生可以随时随地查询有空闲座位的自习教室、开放的实验室，节省时间，提供学习便利；管理人员可以根据系统反馈的情况，远程控制教室资源，如可以视情况远程关闭教室电灯、空调、多媒体等设备，节能减排，建设绿色校园。同时，对于机房、宿舍，也可以通过传感器系统，实时感应烟雾、温度、湿度等环境情况，并通过网络传输给监控大厅。如有异常，会及时通知管理人员排查隐患。

### 5. 智慧后勤模块

智慧后勤模块分为智慧安防、智慧医疗、智慧楼宇、路灯管理和图书管理五个子模块。智慧安防子模块通过射频识别、卫星定位、遥感等技术，结合日常的视频监控系统，全面感知校园环境、校园中人和物的变化，然后对感知到的信息进行汇总、处理，适时地进行提示或报警。智慧医疗子模块利用物联网技术实现对教师和学生的医疗感知，为师生提供智慧医疗体验。智能楼宇子模块借助物联网技术实现对办公楼和学生宿舍的智慧管理，包括水电管理、消防管理等。路灯管理子模块旨在管理校园内部的全部路灯，根据时间、天气对路灯进行实时智能管理。图书管理子模块通过物联网技术为每本图书设置标签，使师生可以方便地进行借阅和归还，实现图书馆的无人化、智能化管理，减少高校在图书馆方面的投入。

### 6. 智慧门户模块

智慧门户不仅是一个综合信息展现中心，而且是一个应用集成中心。智慧门户能够根据业务需求构建，其内容能够随需而变。智慧门户能够将各个独立的信息系统联系起来，使信息系统相互感知，实现智慧关联。智慧门户能够对分散于各系统的相关业务进行集中处理与查询，实现智慧集成。智慧门户能够对业务数据中有价值的信息进行分析、提炼，得到各类数据分析结果与趋势预警信息，并以图形、报表、仪表盘等形式实时展现，帮助高校领导和相关管理人员进行科学决策。

#### 7. 智慧消费模块

校内消费是师生日常生活的重要组成部分。全体师生都拥有一张含有电子标签的校园卡，当师生在校内进行消费时，智慧消费模块就会读取相应的信息，查询卡主的相关信息及卡中余额。产生消费后，消费记录也会以短信的方式反馈给卡主。高校师生日常消费的场所包括食堂、超市、洗衣房、浴室、理发店、开水房等。

## 二、智慧教室的建设

智慧教室是一种典型的智慧学习环境的物化，是多媒体和网络教室的高端形态。它是借助物联网技术、云计算技术和智能技术等构建起来的新型教室，包括有形的物理空间和无形的数字空间，能够通过各类智能装备辅助教学内容呈现，方便学习资源获取，促进课堂交互，实现情境感知和环境管理功能。智慧教室旨在为高校教学活动提供人性化、智能化的互动空间；通过物理空间与数字空间的结合、本地与远程的结合，改善学生与学习环境的关系，实现学生与学习环境的自然交互，促进学生的个性化学习、开放式学习和泛在学习。

### （一）智慧教室总体架构

智慧教室的总体架构由设备层、门户层、应用层、服务层、数据层、基础层、网络层七个部分组成。

#### 1. 设备层

设备层支持多种设备的接入，主要包括电子白板、电子黑板、笔记本电脑、平板电脑、网络摄像头、打印机、手机、监视器等一系列设备。另外，还包含智慧教室周边的辅助设备，如充电柜、网络设备、备用电源等。

#### 2. 门户层

门户层通过统一的登录服务，支持用户在电子书、手机、电脑等终端登录，从而享受多种服务。门户层还集合了教育资源管理、家校联络管理、高校教学管理、账号服务管理等多种功能的入口。

3. 应用层

应用层按照模块化、独立化的原则进行设计，主要包括远程教育系统、互动教学系统、教育应用商店、教室智能控制系统、教学质量评估系统、云书城、教师线上备课系统以及智能阅卷系统。

4. 服务层

服务层提供支撑应用层操作的相关基础服务，包括数据挖掘服务、身份认证服务、数据库服务、多媒体点播与直播服务、全文检索服务以及文件服务。

5. 数据层

数据层保证了平台数据的庞大性、可靠性、稳健性及账号数据的安全性，主要包含用户数据库、教学系统数据库、资源数据库以及评价系统数据库。

6. 基础层

基础层提供基础云服务，包括存储服务、服务器服务、网络连接服务。支撑智慧教室平台系统的基础设施可以在基础云服务下稳定工作。

7. 网络层

网络层包含智慧教室所涉及的网络，有4G网络、3G网络、2G网络、无线网络、有线网络等。

## （二）智慧教室的系统组成

智慧教室一般由内容呈现系统、学习资源系统、教学交互系统、环境感知系统、实时记录系统、在线测试和评价系统以及身份感知与识别系统组成。这些系统共用智慧教室内的信息资源和各种软硬件资源，在实现各自功能的同时，彼此相互联动与协调。

1. 内容呈现系统

内容呈现系统是智慧教室的重要组成部分，也是开展高校教学的基础。设计良好的内容呈现系统可以改善教学内容的传递效果。内容呈现系统包括交互演示子系统、虚拟现实子系统，这两个系统通常由黑板、投影仪、电视、交互式电子白板（双板）、移动终端、电子书包、虚拟设备、无线机顶盒、扩音设备等组成，其基本功能如下。

①呈现教师的演示文稿、教学软件、操作过程等。

②呈现学生移动终端或者电子书包中的内容、作品以及操作过程等。

③呈现教师与学习资源的互动内容。

④呈现教师与学生的互动内容。

⑤呈现学生与学习资源的互动内容。

⑥构建虚拟教学环境，模拟在现实物理环境下不容易实现的虚拟教学环境。

⑦实现对室内视觉、听觉呈现软硬件的管理。

⑧呈现语言扩声和音乐扩声。

交互演示子系统由移动终端、电子书包、交互式电子白板、黑板构成。交互演示子系统可以根据需求呈现教学内容，教师可以与云端教学资源实时交互，学生利用电子书包上课，也可以与云端学习资源实时交互。而且，交互演示子系统可以根据需求实时呈现教师与学生、学生与学生、小组与小组的交互内容，提高教学效率。交互演示子系统代表着智慧教室的教学信息呈现能力。

虚拟现实子系统旨在借助虚拟设备，实现物理环境与虚拟环境的无缝融合，让学生体验不同学习环境，避免资源浪费。利用虚拟现实子系统可以更方便地实施情境教学，进行混合教学。

虚拟现实子系统可分为相互关联、协同工作的视觉呈现子系统和听觉呈现子系统。视觉呈现子系统由各种无线终端（信号源）、无线机顶盒（转换传输设备）、投影仪和电视机（显示设备）构成。无线终端通过局域网将画面发送给无线机顶盒，无线机顶盒在连接到显示设备后，即可实现显示功能。听觉呈现子系统可以实现教学过程中的语言扩声和音乐扩声。语言扩声主要用于教室内拾音、放大和扬声，一般采用以前置扬声器为中心的音响系统。音乐扩声主要用来播放音乐、歌曲等内容，采用双声道、立体声形式，有的采用多声道和环绕声形式，多以低阻抗的方式与扬声器配接。

### 2. 学习资源系统

学习资源系统主要是指学习资源的存储、分发系统。学习资源系统将学习资源放置在云端，师生可在上课过程中实时同步学习资源，并保存教学过程中的生成性资源。此外，对于课堂教学过程，学习资源系统可实时录制并将其存储到云端。学习资源系统通常由电子书包、课堂教学资源、学习过程记录、云服务平台等构成，可上传教师开发的教学资源，同步学生终端的学习资源，录制师生上课过程，存储教学过程。

### 3. 教学交互系统

教学交互系统是师生、生生交互的支持系统。该系统支持课堂讲授、协作学习以及学生自主探究等多种学习方式，对于实施形成性评价具有重要价值。教学交互系统通常由各种学习终端、云服务平台组成，有利于实现师生、生生互动，小组讨论和学习，学生个人探究，以及学习过程、学习评价的记录。

### 4. 环境感知系统

环境感知系统的使用有利于为学生营造一个健康、舒适的学习环境。该系统通常由温度传感器、气体成分传感器、压力传感器、光纤传感器组成。其基本功能如下：感知室内温度，当温度超过预设范围时发出警报，并启动温控设备；感知室内气体成分，当气体成分超过预设范围时发出警报，并启动新风设备；感知学生坐姿，当学生坐姿出现问题时，给予震动或声音提示；感知室内光线，当光线过强或过弱时，开启窗帘或照明设备。

（1）气候监控系统

气候监控系统由三部分组成，即室外气象站、室内空气感知系统和空气调节系统。室外气象站可测量风向、风速、温度、湿度等常规气象要素，并将需要的气象信息及时传送到室内空气感知系统，由其决定是否发出警报、调节进光量或启动空气调节系统。空气调节系统一般由进风、空气过滤、空气热湿处理、空气的输送和分配、冷热源等部分组成。

（2）气味监控系统

气味监控系统能够对教室内的一氧化碳、二氧化氮、苯、氨气、烟雾等有毒气体和物质进行探测，其核心设备有感烟式传感器、感温式传感器、感光式传感器。

（3）照明监控系统

在智慧教室中，照明监控系统有两项任务。一是环境照度控制，即根据日照情况自动调整窗帘和室内灯光的开关。二是照明节能控制，即将教室划分为若干区域，安装6～8个光传感器，根据不同区域的光线强弱，自动调节该区域的灯光，从而达到节能的目的；也可利用光电传感器、红外传感器检测室内的人员活动情况，一旦人员离开教室，就自动关闭灯光，达到节能的目的。

以上智能环境感知系统（又称“环境控制系统”）主要基于射频识别等物联网技术，根据学生的需要对课堂内的光、电、声、温进行控制，根据课堂外的光照条件调节照明，根据季节气候调节温度，根据课堂内的声场环境调节声音系统等。

### 5. 实时记录系统

实时记录系统主要是在现在流行的录播系统上增加记录学生学习轨迹与教师教学轨迹的功能。教师可对教学视频进行分析，反思教学过程，撰写反思日志。实时记录系统可为教师做出教学决策和大学生自主学习提供参考和有效的数据支持。

### 6. 在线测试和评价系统

在线测试和评价系统主要包括即时反馈系统和同步标记系统。教师可以利用即时反馈系统在教学的过程中随机出题进行意见征集和应答反馈，以收集学生对某一具体内容和问题的观点。反馈结果可以及时呈现，便于教师及时调整自己的教学内容或过程。学生可以利用同步标记系统对教师讲课时的声音及语速进行反馈。教师的教学终端上会即时显示学生对教师讲课声音和语速的评价，使教师可以根据学生的整体评价意见进行及时调整，确保取得最佳的教学效果。

另外，在教学开始前和教学结束时，教师可以利用在线测试和评价系统对学生的预习情况和对本书课程的学习情况进行测试。教学开始前的测试可以帮助教师了解学生的预习情况，从而确定教学起点；教学结束时的测试可以帮助教师了解学生的学习目标达成情况，并及时采取措施解决学生在学习中出现的问题。

### 7. 身份感知与识别系统

身份感知与识别系统利用射频识别、人体识别等传感装置，能够对教室里师生的出入情况进行记录，把各种设备连接起来并进行信息交换，实现智能化识别和感知。

## 第五节　人工智能教学系统的具体应用

人工智能教学系统在高校教学中有着广泛的应用前景。例如，在计算机应用技术专业应用人工智能教学系统进行教学，可利用海量的教学资源提高备课质量，通过人机交互强化教学过程控制，通过智能导学实现个性化学习，利用智能教学专家考评提高评价科学性。本节将以计算机应用技术专业为例，探究人工智能教学系统的具体应用。

## 一、人工智能教学系统在计算机应用技术专业中的应用途径

### （一）利用海量教学资源，提高备课质量

教师可以通过智慧备课模块，将教学计划、教学内容和教学大纲等需求提供给人工智能教学系统。人工智能教学系统可以分析教师的需求、学生的学习情况等数据信息，从相关课件、慕课、教案、讲义、试题、作业等海量教学资源中智能地匹配出备课模板、教学素材、教学方式，为教师提供先进的教学理念和教学手段，从而提高教师的备课质量。对于计算机应用技术专业而言，实践也非常重要。教师可利用人工智能教学系统中的学习、练习、比赛、研讨、实验、数据集、在线编程等模块，通过经典项目实践、在线交互式编程等进行实战式备课和学习。人工智能教学系统的智能备课流程见图9-2。

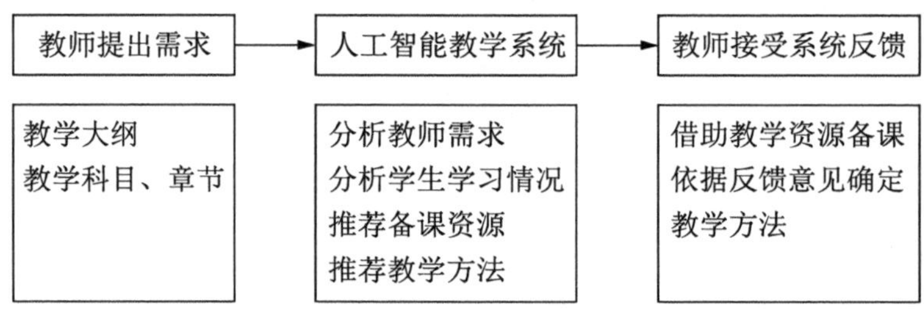


图 9-2　人工智能教学系统的智能备课流程

### （二）通过人机交互，强化教学过程控制

第一，智能组合学习内容。通过教师客户端，可以将理论和技能两方面的教学内容区分为基础和拓展两个层次，自动生成全体学生必须学习和掌握的内容（最基础的应知应会）和适应学生能力和兴趣需求的拓展学习内容（岗位需要的实操技能），再将其通过学生客户端传输给学生，供学生选择。同时，教师可以依据智能组合的学习内容，采取角色扮演、模拟教学、项目演示、实验教学、人机融合、即时测验点评等混合式教学模式组织教学活动，切实增强学生的学习积极性。

第二，实施教学要素动态调控。在课前，教师可以通过网络将学习要求和

学习内容推送至学生客户端，人工智能教学系统会自动记录学生完成相关任务的情况。在课中，教师可以利用人机交互功能，对学生在课前的网络预习情况进行点评，并分析处理课堂实时录音视频，掌握教学环节、教学方法、教学情境和学生的课堂动态、学习方法、学习效果等，准确判断教学中存在的问题和不足，有针对性地改进教学进度、教学方法，从而真正实现个性化、人性化的教学。

第三，进行线上交流互动。教师可以利用人工智能教学系统组织线上讨论，由教师提出任务，学生各抒己见，教师适时点评，从而让学生在主动参与互动研讨中增强学习的自主性，从而巩固所学知识点，开创新思路。

第四，智能答疑解惑。学生既可以让教师答疑，也可以通过人工智能教学系统中的智能答疑模块进行在线智能指导答疑。如在计算机编程中遇到问题时，学生既可以选择在线智能“专家”，也可选择教师在线进行答疑。

第五，进行个性辅导。在课后，学生可以通过查阅智能分析结果，把握自己课堂表现、掌握程度、疑难点、学习习惯等情况，并根据系统提示的学习建议和辅导内容，进行有针对性的补漏学习。①

### （三）通过智能导学，实现个性化学习

学生通过搜索、查询等功能，可以在知识库中快速找到切入点并进行学习；通过查阅系统实时分析得出的学习特征、学习水平和学习情况等现实表现，可以掌握自身的学习特点和学习成效；通过学生客户端，可以自动调整学习内容的难易程度，让自己的学习更轻松、更高效。教师通过科学分组功能，可以将兴趣爱好相近、学习进度相同、学习效果相似的学生分成若干学习小组，向每个小组推送不同的学习任务和实践内容，并在每个小组采取不同的教学手段和教学方法，真正实现以学生为中心的个性化教学。

### （四）利用智能教学专家考评，增强评价的科学性

教师可以利用智能教学专家模块，记录学生的学习情况，对学生的阶段性学习实施智能评价，生成学情报告和错题集，并将结果发送至学生本人，为学生自适应学习提供依据；及时收集、分析、处理学生的应答信息，帮助学生找准差距，剖析错误原因，判断并标出当前最需要强化的知识点，提供个性化的辅导；进行智能组卷阅卷，及时分析学生各阶段考试、测试、训练的结果，及时更新试题库，使知识点测试、技能考评、结业考试更加科学合理。

---

① 孔凡. 人工智能赋能高校教学改革的实践路径研究[J]. 才智，2023（33）：80-83.

## 二、人工智能教学系统在计算机应用技术专业中的应用效果

### （一）切实增强教学趣味性

人工智能教学系统在高校教学活动中的应用，丰富了教学形式。目前，很多高校已采用了信息技术和设备展开教学，如新媒体教学技术、慕课技术等，通过钉钉、腾讯会议、学习通等媒介进行网络教学。但是，学生被动学习、教学效果不理想等问题依然突出。人工智能教学系统可以通过自主学习模块、自主检测模块，以人机交互对话的形式实现在线学习、诊断练习、知识点强化训练、模拟实操演练等，从而增强教学趣味性，提高学生的学习效率。

### （二）有效增强教学针对性

人工智能教学系统在教学实践过程中，可以通过录像、量表、测试题、虚拟现实等方式收集并分析学生的学习情况，为教师掌握每名学生的日常行为习惯、学习薄弱环节、知识断点等提供翔实的数据。教师要充分发挥自身的主观能动性，灵活运用数据分析结果，有针对性地制定学习指导方案，从而提高教学效率，促进学生个性发展。人工智能教学系统可以实时记录并分析学生的学习进度、学习行为、学习习惯、学习质量等学习情况，并做出科学、合理、准确的评价，确保师生及时发现在教学和学习过程中存在的问题和缺陷，为教师找准教学重点、学生查缺补漏提供依据。

### （三）持续激发学生创新活力

人工智能教学系统有助于拓宽学生的思维空间，优化学生看待问题的角度、分析问题的方式、学习技能的途径等，促进其创造能力的提升。以计算机应用技术专业课程为例，该课程学习的关键在于形成结构化、程序化和流程化的程序设计思维。人工智能教学系统具有强大人机交互功能，学生可以通过触摸式交互、语音识别、无声识别、投影键盘等技术手段，及时纠正学习思路以及学习方法，培养程序设计思维模式，进而激发创新活力。

综上所述，人工智能教学系统在高校教学中的深入应用，使得教师的教学理念和学生的学习观念都发生了前所未有的改变，将高校教学的时空限制彻底打破，使高校教学环境将实现全面改善，学习服务渠道将实现深度拓展，学生的学习将越来越个性化、人性化和智能化。

# 参考文献


[1]王君. 多维视角下的高校教学改革与德育优化研究[M]. 北京：北京燕山出版社，2022.

[2]宋燕. 教学学术视角下的高校教学改革与发展[M]. 北京：九州出版社，2023.

[3]陈鹏. “数”说2023年全国教育事业发展[N]. 光明日报，2024-03-02.

[4]周海涛，林思雨. 高等教育强国视域下高校教学改革的逻辑和路径[J]. 内蒙古社会科学，2024，45（5）：40-46，221.

[5]向秋玲. 探讨民办高校教学改革研究[J]. 中文科技期刊数据库（全文版）教育科学，2024（10）：175-178.

[6]刘昕. 金融学专业教育教学改革的紧迫性与对策[J]. 教育现代化，2019，6（11）：55-57.

[7]胡立，张放平. 人工智能时代高校教学改革的现实困境及突破路径[J]. 齐齐哈尔大学学报（哲学社会科学版），2023（10）：160-164.

[8]郭云. 信息化背景下高校教育模式之创新研究[M]. 北京：中国原子能出版社，2022.

[9]任新悦，韩潇霏，王子龙. 多维度视角下高校教学改革探析[J]. 山西青年，2024（19）：118-120.

[10]高思杨. 基于多媒体技术的高校教学改革探析[J]. E动时尚，2024（5）：124-126.

[11]张国培. 论“互联网+”背景下的雨课堂与高校教学改革[J]. 中国成人教育，2017（19）：94-96.

[12]蒋惠凤，刘益平，张兵. 在线教育方式下高校教学改革的行为选择、动因与对策研究[J]. 黑龙江高教研究，2021，39（1）：150-155.

[13]李墨，文晶晶. 高校教学改革与创新型人才培养研究[M]. 天津：天津科学技术出版社，2023.

[14]郝庆波，张晓楠. 大数据时代高校教师教学能力提升策略研究[M]. 长春：吉林人民出版社，2020.

[15]刘振海，祖强，张长森，等. 地方本科高校实践教学体系改革的研究[J]. 实验室研究与探索，2023，42（6）：215-218，242.

[16]邱奕. 职业教育实践教学体系改革探索与思考[J]. 天津职业大学学报，2024，33（4）：74-79.

[17]魏立岩，夏海静，赵峰. 适应工程认证需求的地方本科院校实践教学体系改革策略研究[J]. 知识经济，2024（15）：219-221.

[18]丛晓峰，刘楠. 高校教学改革与质量管理研究[M]. 青岛：中国海洋大学出版社，2008.

[19]马朝珉，李伟凯，周旭东. 大数据智能化背景下高校教学评价改革路径分析[J]. 中国多媒体与网络教学学报（上旬刊），2023（3）：9-12.

[20]张清. 课程思政视域下应用型高校教学评价改革研究[J]. 柳州职业技术学院学报，2022，22（5）：68-72.

[21]卫建国，汤秋丽. 新时代高校教师教学评价改革与创新论析[J]. 黑龙江高教研究，2023，41（2）：33-37.

[22]钟佳容，欧阳修俊. 本科师范生档案袋评价法的实践困境与改进策略[J]. 高教论坛，2018（4）：83-85.

[23]吴立宝，曹雅楠，曹一鸣. 人工智能赋能课堂教学评价改革与技术实现的框架构建[J]. 中国电化教育，2021（5）：94-101.

[24]朱丹君. 专业学位硕士研究生教学质量监控体系建设[J]. 印刷与数字媒体技术研究，2024（3）：196-205.

[25]马立贤，杨晴，马林旭. "三维一体"高校内部教学质量监控体系构建研究[J]. 天津中德应用技术大学学报，2024（4）：18-25.

[26]陶尚武. 基于TQM的高校体育教学质量监控体系构建[J]. 科技风，2024（5）：34-36.

[27]孟静雅. 激励理论在高校教学改革中的应用研究[J]. 产业与科技论坛，2024，23（12）：225-227.

[28]谭俊英. 高质量发展背景下地方高校教学改革实践问题与对策[J]. 科教导刊，2023（6）：7-9.

[29]徐亚琼. 基于理论创新人才培养的高校教学改革初探[J]. 湖北开放职业学院学报，2023，36（17）：9-12.

[30]张伟，张芳，李玲俐. "1+X"证书制度下职业院校教师专业发展研究[J]. 职教论坛，

2020（1）：94-97.
[31]胡立卫，李辉，邓林. 高校教师教学能力提升策略研究[M]. 长春：吉林出版集团股份有限公司，2022.
[32]孙振，池玉莲，马涛. OBE理念下应用型本科高校教学改革[J]. 山东纺织经济，2024，41（3）：42-45.
[33]陈卓. 现代高校教师教学能力提升策略研究[M]. 北京：中国纺织出版社，2022.
[34]王贵文. 人工智能（AI）技术对英语翻译专业的影响及高校教学改革路径研究[J]. 教育进展，2024（6）：1438-1443.
[35]王理想. 人工智能时代教育新模式研究探析[M]. 长春：吉林出版集团股份有限公司，2022.
[36]达巴姆. “互联网+”时代高校课堂教学模式改革与创新研究[M]. 长春：吉林人民出版社，2021.
[37]孔凡. 人工智能赋能高校教学改革的实践路径研究[J]. 才智，2023（33）：80-83.
[38]胡鸿志，刘涛，管芳，等. “互联网+”背景下普通高校教学改革与探索[J]. 高教学刊，2024，10（22）：132-135.
[39]常瑾. 数字化转型视野下高校教学改革实践探索[J]. 湖北成人教育学院学报，2024，30（1）：1-5.
[40]何林贵. OBE教育理念视域下高校教学改革路径探析[J]. 教育教学论坛，2024（21）：69-72.
[41]王宇杰. 基于体验式教学法的高校教学改革研究[J]. 湖北开放职业学院学报，2024，37（2）：192-194.
[42]于海燕. 新媒体技术在高校教学改革中的应用[J]. 汉字文化，2017（14）：86-87.
[43]赵燕萍. “互联网+”思维下的高校教学改革探析[J]. 浙江工商职业技术学院学报，2023，22（3）：62-65.
[44]周跃良. 高校教学改革将迎来黄金时代[J]. 教育发展研究，2020，40（11）：3.
[45]卢红存. 新时代背景下高校教学改革与创新人才培养策略研究[J]. 才智，2024（4）：173-176.
[46]尹欣，司建楠. “云课堂”高校教学改革与发展的研究[J]. 高教学刊，2022，8（3）：134-137.
[47]孙立盎. “互联网+”高校教学改革与创新研究[J]. 山西青年，2022（14）：1-3.

# 后　记

党的二十届三中全会通过的《中共中央关于进一步全面深化改革、推进中国式现代化的决定》指出：“教育、科技、人才是中国式现代化的基础性、战略性支撑。必须深入实施科教兴国战略、人才强国战略、创新驱动发展战略，统筹推进教育科技人才体制机制一体改革，健全新型举国体制，提升国家创新体系整体效能。”同时，还强调要“统筹推进育人方式、办学模式、管理体制、保障机制改革”。这一要求的提出，为推进强国建设、民族复兴提供了有力支撑，为高等教育高质量发展指明了前进方向，提供了重要遵循。要想实现这一要求，高校必须深化人才发展机制改革，建设高质量高校教学体系，统筹推进高校教学改革与创新。

笔者衷心希望本书的出版能成为高校教学改革与创新研究的一个新起点，吸引更多教师投身到高校教学改革与创新更深层次的研究和实践中，形成更多、更好的研究成果。同时，笔者衷心期望教育部门能进一步优化管理，强化资源配置，加强学科平台建设，抓好基础设施保障，使广大教师能以更加奋发有为的状态、更加勤勉的努力和智慧，积极投身于高校教学改革与创新，共同锻造高校教学辉煌的明天。

为了使本书的内容更加完善，笔者在撰写本书的过程中参考和引用了大量专家和学者的研究成果，笔者在此对这些专家和学者表示衷心的感谢。由于笔者水平有限，本书难免存在需要完善之处，尚需进一步推敲、优化。笔者敬请广大读者批评指正，以便笔者在今后的研究中弥补、改进，使本书更加成熟。